攻心第一

"第一品牌战略"实战心得与方法

邵军 / 著

中国友谊出版公司

图书在版编目（CIP）数据

攻心第一："第一品牌战略"实战心得与方法 / 邵军著． -- 北京 ： 中国友谊出版公司，2025．1．
ISBN 978-7-5057-5815-5

Ⅰ．F272.3

中国国家版本馆 CIP 数据核字第 2024XA7747 号

书名	攻心第一："第一品牌战略"实战心得与方法
作者	邵军
出版	中国友谊出版公司
发行	中国友谊出版公司
经销	新华书店
印刷	三河市中晟雅豪印务有限公司
规格	787 毫米 ×1092 毫米　　32 开
	8.25 印张　　146 千字
版次	2025 年 1 月第 1 版
印次	2025 年 1 月第 1 次印刷
书号	ISBN 978-7-5057-5815-5
定价	68.00 元
地址	北京市朝阳区西坝河南里 17 号楼
邮编	100028
电话	（010）64678009

协助打造第一品牌

自　序

　　品牌之争犹如群雄逐鹿，而成为第一不仅是企业家梦寐以求的荣耀，也是衡量商业成功的重要标准。

　　如何成为第一品牌？

　　这是我在过去 20 年间，与无数中国企业并肩作战，共同探索并实践品牌营销深层逻辑与实战策略的核心课题。"用兵之道，攻心为上，攻城为下。心战为上，兵战为下。"只有真正打动人心，品牌才能在激烈的市场竞争中占据第一的宝座。

　　"攻心为上"的策略源自中国古代兵法，其深意在于通过心理战术战胜对手，而非单纯依赖武力。在品牌营销中，我试图将这一理念赋予新的内涵，进行深层次的消费者心理洞察与影响力构建。"攻心"涵盖多个层面：

　　攻生理之心：品牌企业应深入洞察消费者的需求、愿望、偏好，以及生活方式和价值观，创造能引发共鸣的产品和服务。

攻情感之心：建立品牌与消费者之间的情感纽带，培育忠诚感和归属感。

攻信任之心：通过一贯的品质、服务和体验，赢得消费者的信任。

攻忠诚之心：利用高质量的互动和体验，培养消费者的忠诚度。

攻社会之心：品牌企业应考虑其在社会和文化中的角色，通过社会责任和文化营销赢得更广泛的认同。

在《攻心第一："第一品牌战略"实战心得与方法》（简称《攻心第一》）这本书中，我将分享如何通过战略层面的思考与实践，协助打造第一品牌与培养消费者关系。品牌的力量源自其在消费者心中的独特地位。赢得人心的品牌，能够激发激情、信任，塑造偏好，甚至引领潮流。我将品牌定义为"价值与价值观的总和"。品牌价值体现在产品或服务为消费者带来的具体效益，而品牌价值观则是品牌文化的核心，是品牌基因的体现。只有当两者相辅相成，品牌才有可能在消费者心中占据一席之地。

在品牌营销中，"攻心"是一种战略层面的思考，要求品牌企业不仅要关注短期的销售和利润，更要关注长期的品牌建设和消费者关系的培养。通过"攻心"，品牌可以在消费者心中建立起独特的地位，从而在竞争中脱颖而出。要求品牌从消费者的内心出发，通过建立情感联系、传递价值观念、赢得信任和认同，来实现长期的市场成功。

从创办智旗的第一天起，我有幸参与了中国品牌从 0 到 1、从乱到治的历程，见证了无数企业的成长与蜕变。这本书是我对过往经验的一次深刻反思，也是对未来品牌营销战略的一次大胆预言。

这不是一本理论书，也不是一本系统化的方法论。如果您对体系化的方法感兴趣，可以找一找刘志奇与我在 2010 年出版的《如何打造第一品牌》，或者等待我的下一部专著《第一品牌战略》。

《攻心第一》是我从业 20 年的一些心得与方法总结，其中的每一个观点和方法都是基于实战经验提炼出来的。从"第一品牌战略"的提出到"超级品类"的打造，再到"六环心智模型"和"蒲公英落地模型"的应用，这些工具和模型都经过了市场的检验，并被证明是有效的。书中的每一个案例都是我亲历的实战，它们或许成功，或许失败，但都给了我宝贵的启示。我希望通过这些案例让读者能够感受到品牌建设的温度和深度，理解每个品牌成功背后的逻辑和付出。

把复杂的问题简单化，把深奥的观点实战化，是我写这本书的核心目的。舍弃长篇大论，从一个一个现实中的问题或困惑出发，我将从取势、明道、优术、示人以真四个维度，通过真实营销实战阐述"第一品牌战略"的核心理念与实践方法。我相信，这些内容不仅能够帮助企业构建品牌优势，更能激发每一位读者对品牌营销的全新思考。

品牌战略不是空中楼阁，它要与企业的实际情况紧密结合。《攻心第一》强调品牌战略的核心在于价值与价值观的传递，以及如何通过战略配称将品牌理念落实到企业的每一个经营活动中。这要求企业在资源、管理、营销、技术、人力资源、广告、产品等所有方面都要服务于品牌，从而提升企业的品牌竞争力。

为了让读者朋友们能从这些简短的"语录"式观点中更好地获益，我将本书分为四章：

取势：本章以讲故事与案例为主，内容大多取自真实的商业实践，比如我们服务的客户，他们是如何解题破局的。如果想了解更深入的内容，读者可以自行查阅相关资料，了解到更多"内幕"。还有一些内容是企业家们的真实咨询案例，这部分内容甚至可以对号入座，基本上代表了当下我对大趋势的个人理解。

明道：本章集中阐述了我对战略、品牌、营销等概念的理解与实践，我认为这就是我和智旗的"武功秘籍"。你可以试着把这部分的模型、方法论、框架等结合自身品牌的真实状况，用带入的方式探索一下可行性；或者以此为起点，复盘企业的战略及落地动作；这部分内容适合读者有的放矢地阅读。

优术：本章是一线真实实战的心得与方法，是我们打造众多成功案例的"核心战术"。从超过百家企业经营的维度进行事后的总结与反思，这些方法不见得万能，但你可以尝试借此进行思考与复制。

示人以真： 本章介绍的是智旗作为一家智力机构的价值观、工作方法和对客户的承诺。此部分的很多内容都是写于 20 年前，我把它整理出来，一方面是一家创业公司的自我检视，另一方面其实是面向未来的思考——下一个 20 年，智旗还在不在，在哪里，还能创造什么样的成功案例？

本书的观点与内容得以形成，完全有赖于这 20 年与中国各个层级的企业家进行的交流、探讨、共创、深度合作。他们有的是中国企业界的"大佬"，有的是细分领域的实力派、隐形冠军，当然也有一些不算成功的创业者，他们一起组成了一幅壮阔的中国企业生态江山图，给了作为乙方的我们最好的土壤、养料及试验场。令我骄傲的是，迄今 20 年，协助打造的第一品牌还真挺多。感谢曾经及正在有业务交集的企业家、创业者的不断鞭策与信任，支持我们继续向前。协助打造第一，这是品牌的使命，更是我的目标。

希望这些"碎片化"心得能如乱石铺街、残石筑墙，能让你查漏补缺，能对你有所启发，激发新的思考，并点燃行动的火花。我认为最好的阅读体验，就是合上书后即刻行动！

邵军

2024 年 9 月 28 日于上海

目　录

第四章 示人以真 —————— 205

第一章

取势

杰克·韦尔奇说："第一重要的就是做第一！"

品牌只有做第一，才能成为首选。第一品牌战略对于企业来说具有重要意义，不仅有利于抢占心智资源，而且是企业构建经营体系的标准，并提供全局性战略驱动。

品牌成为第一，必须准确识别、把握趋势中的机会点。顺势而上则事半功倍，逆势而动则事倍功半。长看趋势，擅于借势，提前研判并做好布局；短看优势，用足优势。这是能否快速破题成为第一的关键。

第一重要的就是做第一

　　在消费者的认知中，第一品牌代表权威，代表最好的品质，代表最值得信赖。

　　成为第一品牌，就能赢家通吃，鲜花与掌声都会向冠军集中。

　　成为第一品牌，就能掌握产品定价权，摆脱白牌或山寨产品的同质化竞争，避免价格战。

　　成为第一品牌，就能主导市场游戏规则。

　　成为第一品牌，就能强者愈强，各种资源都会向第一品牌集中，可以在渠道和终端赢得更大的话语权，可以在竞争中采取更为主动的攻势狙击对手，可以赢得资本的青睐，赢得更多的支持。

　　最为重要的是，在消费者的购物清单中，第一品牌代表第一选择。

"第一重要的就是做第一！"这是杰克·韦尔奇的一句名言。

要么第一，要么唯一。在杰克·韦尔奇看来，如果某项业务不能做到数一数二，那么最好关闭它或卖掉它。根据其著名的"感冒管理理论"，如果市场中数一数二的企业出现了"感冒"症状，那么排在第四位、第五位的企业就会得"癌症"。因此要确保企业能够在行业中名列前茅，否则就只有死路一条。

可以说，"成为第一"是企业家的内心驱动力。实现第一，不仅是企业家梦寐以求的荣耀，更是衡量商业成功的重要标准。

做对趋势，做足优势

《孙子兵法·势篇》中说："故善战者，求之于势，不责于人，故能择人而任势。"

大致意思是说，善于作战的人依靠的是有利的趋势，而不是苛求士兵的能力有多么强，故而能选择人才去造势或利用已经形成的势。

选择一条快速增长的赛道，做对趋势，是企业家必须抓住的红利。

选择成为哪个赛道第一，是一个相当关键的问题，需要企业家对消费者、竞争对手和自身有着清晰、冷静的审视，最终做出合理的决策。

那么，该如何判断所选的赛道是否值得做？是否有机会成为第一？有四个可参考的维度：看需求、看市场、看对手、看基因，也就是智旗的"四维战略分析模型"。

需求——是否是当下消费者刚性需求

"变美""变好"就是当代年轻女性的"刚需"；低度酒行业的崛起，就是满足当代消费者健康、微醺的需求。但有些需求会"说谎"，企业家要能洞察真伪，可以从刚需、高频、强烈痛点三个层面去辨别。

市场——是否存在趋势机会点

比如你所选的市场，是否满足行业天花板高、增速快、头部空缺、市场集中度较低等条件。

市场规模的大小决定你能做多大。例如茶叶市场规模高达 4000 亿元，市场集中度很低且缺少头部品牌，进入者有成为第一的机会。

对手——竞争品牌是否留下空当

一是需要调研；二是系统梳理各竞争品牌或利益相关方，从中找到品牌间可能存在的差异化竞争机会。

基因——能否匹配趋势，用足优势

品牌进入某个赛道，长看趋势，短看优势。能不能成功、快速地进入，跑赢第一阶段，某种程度上跟趋势无关，跟优势有关。

比如美妆产品这个赛道，能不能成为头部品牌，跟当前的趋势无关，关键看企业的运营团队是否具备优势。花西子老板坦言，他这一辈子是为女性市场服务的，做女性市场就是他们团队的基因。作为操盘手，他们帮助百雀羚、三生花、水密码销量指数级攀升；作为创业者，他们创造了花西子3年销售额达到40亿元的"神话"。

所以，要做对趋势，用足优势。

发现问题点，是一切生意的原点

今天，品牌已成为一种显学。做品牌，成为标配，成为第一品牌是许多企业家的梦想。

那么，如何才能成为第一品牌？

"先找问题！"

成功企业往往都是从发现某一个具体问题开始的。发现问题，就是发现机会；发现机会点，是一切生意的原点，也是实现第一品牌梦想的起点。

很多耳熟能详的品牌都是从成功发现某一个具体问题开始的。

E人E本发现的问题：60后、70后不习惯用虚拟键盘及拼音打字。这个问题点就是机会点，抓住这个机会，让E人E本成为本土商务手写电脑的代名词。

小罐茶发现的问题：传统茶"老、丑、贵、繁"，年轻人不喜欢。这个问题点就是机会点，抓住这个机会点，小罐茶顺势定位"现代派中国茶"。

花西子发现的问题：东方女性的面子问题，却只能用西方彩妆方案。这个问题点就是机会点，抓住这个机会点，花西子成为东方彩妆的代表品牌。

足力健发现的问题：很少人主动为老年人"更宽、更厚的脚型"去设计鞋子。这个问题点就是机会点，抓住这个机会点，足力健成为中国销量领先的老人鞋品牌。

小仙炖发现的问题：对于很"懒"的年轻人来说，传统滋补品太烦琐、太复杂。这个问题点就是机会点，抓住这个机会点，小仙炖成功定义及代言"鲜炖燕窝"这个品类。

急支糖浆发现的问题：咳嗽患者早期往往因为选择"润一润"的药导致病情加重。这个问题点就是机会点，抓住这个机会点，急支糖浆成为专业止咳药的代名词。

因此，要想实现做品牌并成为第一品牌的愿景和目标，善于发现问题是第一步。领导品牌一定是为解决某一社会问题而存在的。大问题带来大机会，大机会引出大战略，大战略实现大成果。机会就蕴藏于发现问题的过程中。从问题出发，发现问题，从而界定问题、解决问题；问题点就是品牌的机会点，机会点就是成为第一品牌的决胜点。

存量竞争时代

抓红利、抢风口的机会时代基本上已经过去，复制（山寨）与扩张很难再成为主旋律，在存量竞争时代，企业如何赢得市场竞争呢？

1. 活下去是企业的最高战略纲领。

2. 品牌的魅力甚至魔力越发显现，品牌战略就是企业战略。

3. 在一个不确定的年代，最大的风险就是按原有的模式前进。基于动态的市场，要制定成长型战略或进化型战略，而非静态的"定位"。

4. 打破固有边界，勇敢开启第二曲线。

5. 战略一定要能落地。达成共识且可执行的战略才是具有指导意义的战略。

6. 传播先进文化，成功构建文化战略的品牌更具生命力。

什么样的企业有成为伟大企业的特质

1. 相信品牌的力量，有品牌基因。

2. 相信中国的力量，能传播东方文化。

3. 具备创新能力与核心技术。

4. 稳健经营的心态，相信复利。

"有品牌、有文化、有创新、有复利"的企业被称为"四有企业"。

营销从人开始

史玉柱说："营销是没有专家的，唯一的专家是消费者，就是你只要能打动消费者就行了。"

杜国楹认为："整个逻辑就是需求先行，产品打磨，然后才是营销。"

这是我合作过的对营销理解最为深刻的两位大佬，很明显，他们讲的都是一件事：营销的本质是与人的交流，从理解人的需求出发，以满足人的期望为目标。

营销从人开始

注意：这不是一句口号，而是一种战略思维的体现。

营销的起点是对人性的深刻洞察，人性包含着人的基本情感和需求，如对美好生活的向往、对归属感的追求、对自我价值实现的渴望。如史玉柱所言，

"把目标消费群研究透了，路子对了，然后再适当用一些表现手法"，就是理解并表达他们的渴望、梦想和欲望等。

营销活动要能够触动人心，激发情感共鸣。人是情感动物，只要走心讲故事，都能建立情感上的联系，最怕不痛不痒。钟睒睒就曾说："农夫山泉有的是故事，我们不缺故事。"

信任是赢得人心的关键。中国大部分品牌与产品甚至行业，面临的最大问题就是信任危机。让消费者相信，这是品牌营销第一关。

品牌营销的最高境界是与消费者共创价值。可以定义价值，但最好别灌输价值。让消费者作为活生生的人参与进来，就像花西子的用户可以参与产品的设计、改进、命名等一样；让消费者感受到自己对品牌价值的贡献，一如小米当年提出的参与感。

营销切忌邯郸学步

很多人都听过"冰山理论"。

我们能看到的世界只是表面很少的一部分，更大的世界藏在更深层次，如冰山般不为人所知。

我们看到一个成功的营销案例后，经常有大量抄袭模仿出现，但通常很难复刻相同的奇迹，"只见其形，未见其神"。

比如：蜜雪冰城爆火，很多人认为是洗脑模式的广告歌曲改编，却没能看到全国一万家门店同时上新、同时开展活动的组织能力和执行能力；肯德基"疯狂星期四"的营销出圈，也不是单纯一个促销活动就可以复制，背后是持续多年的运营定力和内容积累。

大量案例的不可复制性，正是基于企业自身优势和资源展开的。被大众所知的营销显学背后通常都有竞争对手难以模仿的核心能力。在营销上邯郸学步会害死企业。

营销的四季

大自然有四季，营销亦有四季之分。

春·耕：抓主要问题，做单点突破，集中力量，壮大自身。

夏·耘：靠系统制胜，做持续维新，做到"全面发展、全面精细、全面巩固"。

秋·收：抓住时机，获得收益。

冬·藏：适时收缩，酝酿布局，等待春季来临。

我们理解了四季更替的自然规律，也就能理解营销策略的周期性和动态性，不要逞一时之快，也无须杞人忧天。

品牌高溢价背后

　　同样的产品能比竞争者卖出更高价格，通常可理解为品牌的溢价能力。这是每一个品牌都希望获得的能力。

　　为什么同样是雪糕，哈根达斯可以卖几十元，而钟薛高就被冠以"雪糕刺客"？高溢价的背后是品牌价值壁垒。

　　品牌具备三重价值，分别是功能价值、情感价值、象征价值。

　　每一重价值的实现都预示着品牌溢价的提升。哈根达斯1996年进入中国，在选址上围绕高档商务圈，设立专属冷柜，到后来凭借清晰直白的营销策略，将"爱她，就带她去吃哈根达斯"广而告之。经过几十年的品牌经营，哈根达斯已从冰淇淋升华为爱情的象征。如果一种产品超越其产品价值和情感价值，进入消费者的社交世界与精神世界，其象征价值才算真正构建起来。

　　这时，品牌才真正拥有阻断竞争的价值壁垒。

大品牌为何热衷频繁改logo

品牌改 logo（标识）或者说 logo 升级，从来不是一件新鲜事，几乎越是大品牌越喜欢频繁改 logo，背后的原因是什么？

给信号，增信心

咨询公司在接手品牌后经常会先拿品牌 logo "开刀"，不是说旧 logo 真的不好，而是需要给市场和受众一个信号、一种信心，预示着企业即将迎来变革。奢侈品牌在更换设计师后，通常都会改 logo，等同于发出宣言。

做传播，省费用

对很多企业来说，改 logo 一方面是战略需要，另一方面则是借机宣传，节省传播费用。比如，奥美换掉 70 年的手写体 logo，小米发布原研哉设计的新 logo，其事件传播意义远大于换 logo 本身。

巧创意，增内涵

随着品牌的进化，需要破除旧印记，增添新内涵。此时通过巧妙创意升级 logo，就是战略级的动作。比如，我们在对"中国杯壶专家"哈尔斯的 logo 升级，通过创意"微笑符号"为哈尔斯品牌赋予了"快乐、健康"等全新价值。

有一点要明确，在视觉审美上，往往新 logo 会令你不适应，但它想要传达的新故事、新内涵，一定会让你有所期待。这才是意义所在。

品牌背书

　　为了解决信任度与价值感，通常产品上市前需要强化品牌背书。

　　所谓品牌背书，通常是对内深挖历史与资产，对外借用第三方的权威，对原品牌的核心价值做出更具影响力的确认和肯定。

　　品牌背书其实是一种品牌营销策略。其目的是与消费者建立一种可持续的、可信任的品牌关联。常见的品牌背书方式如下：

　　利用权威媒体资源给予消费者心智影响的媒体背书，如哈尔斯入选新华社"民族品牌"工程。

　　利用权威机构颁发的证书、奖杯证明某种特质的权威背书，如昆中药创"世界最古老的制药企业"吉尼斯世界纪录。

　　利用历史沉淀与自身品牌强关联的历史背书，

如白酒产地的坊、窖、洞等。

主要诉求销量、销售额、占有率等的市场背书，如东阳光药获得沙利文颁发三项"全球第一"认证。

此外，还有联名背书、安全背书、形象背书等方式方法，不一而足，充满策划想象力，充满各种创意可能，并无固定范式。

信息透明化，传播自发化，品牌的任何一个动作、行为都会曝光在消费者眼里，也都将对消费者产生一定影响。因此，品牌背书要有大实力，更要"投其所好"，着眼于消费者生活的真实场景，以终为始，以成果为导向，才能真正发挥背书的价值，为品牌保驾护航，提升价值。

品牌为何喜欢"造节"

品牌价值要发生真正的改变，仅仅通过广告和促销是难以实现的。

品牌价值的传递与改变，依赖于创造真实的消费者关系，即品牌和消费者在现实场景中多次"接触"、互动，而节日（包括造节）就是品牌建立消费者关系、实现品牌价值升级的重要途径。

节日是情感共鸣点

比如七夕与花西子、重阳节与足力健等，这些约定成俗的文化沉淀与品牌价值理念若能有机融合，在特定时间内，品牌聚焦人文关怀及情感价值，更容易激发消费者与品牌之间的情感共鸣。例如珀莱雅在三八妇女节围绕"性别不是边界，偏见才是"所做的一系列内容营销，引发了强烈的社会共鸣。

节日让购买有仪式感

给出一个购买理由和促销的由头是品牌的仪式感；在节日找到理由"奖励"自我、找到认同是消费者的购买仪式感。情人节、感恩节、母亲节等是消费者表达情感的日子，也正是品牌传递价值的好时机。

节日可以成为品牌资产

不论是占据一个已有节日还是创造一个节日，如果能够持续做、坚持做，并且保持品牌价值理念与营销传播的一致性，品牌完全有机会"独占"这个节日，让节日成为品牌资产的一部分，形成独特的品牌偏好，赢得消费者信任与忠诚。

跨界营销

如今的品牌似乎都染上了跨界的"瘾"。

其实，无论哪个品牌想要拥有一众"忠实粉丝"，只有抓住主要目标群体，深度挖掘消费者的内心，从而不断拉近与消费者之间的距离，消费者才能更有意愿为此买单，建立品牌忠诚。与不同的品牌合作，会感染并带动不同的用户群体，打破在消费者心中留下的固有形象，一方面提高自身影响力，另一方面塑造多样的品牌形象，体现出品牌想要打入目标人群的决心。

跨界营销，要达到的最终结果自然是双方品牌在营销上的双赢。

两个本身毫不相干的元素相互渗透、相互融合，才能让品牌重新产生新鲜感与立体感。一系列的品牌"互补"活动能为品牌带来新元素，找到营销的新突破口。真正成功的跨界营销，其核心一定是品牌之间的互补性，而非竞争性，用"创意＋噱头"来创造品牌"1+1>2"的营销效果。

网红生意难长久

网红也许短时间内会赚取足够的流量与热度，但想要长红，还是得回归品牌，修炼内功。

网红是周期现象

不论是人还是产品或品牌，红的只是周期；网红则是网络上的周期，红得快，退潮也快，甚至黑得也快。一波接一波的注意力浪潮，不会为谁多停留一秒，销声匿迹只不过是时间长短问题。

网红本质不是生意

网红的核心是打卡和稀缺性，是一种社交满足，是注意力经济，是享受分享所带来的"正向反馈"。这种享受是短暂的，不可持续。想要持续获客，必须回归品牌思维，从产品、渠道等维度去经营，才有长红的机会。

网红大多先天不足

网红产品能做到"标品"已是业界良心。总体上，它们是社交思维下的产物，而非产品思维；是营销思维下的捷径，而非品牌本质。对企业经营而言，网红可以成为营销手段，但不能成为生意核心，产品才是企业发展的核心竞争力。只有做好产品，才能真正产生复购，企业才能长久运转下去。

小微企业要不要做品牌

小微企业千万不能为了做品牌而做品牌。

那些看上去很有品牌感的 logo、包装、门店装修等重要吗？当然重要。但是，更重要的是你创立这个品牌的理念。

首先要把做企业做产品的理念讲清楚，并传达给所有人，包括你的合伙人、员工、上下游的供应商们，一有机会就要对外讲。跟行业讲，跟媒体讲，这是品牌之根。

然后就是你怎样去做产品，其实也代表了你做一个怎样的品牌。把所有精力投入到开发一款好产品上，这其实就是在做品牌。品牌没有那么虚，好产品与好服务就是好品牌的基础。

最后，等上述两个步骤都做得很好了，有好的信念与故事，有好的产品，有全员一致的价值观，这时就可以考虑做营销推广去扩大影响力，去驱动品牌成果。

这个时候也并非靠撒钱来做品牌营销，而是要找到契合你的产品或服务的"点"，去跟进热点或者创造热点，去借势营销，以活动或事件去放大品牌，这才是小微企业或者说大部分中国企业应该去做的事儿。

个人门店的品牌营销更不能务虚。人品就是品牌，产品更是品牌。开一间小店，坚持两年货真价实不骗人，就是这条街上成功的品牌了。不要光想着要门头弄漂亮、logo 弄大点，这些肯定有作用，但是基础还是你的产品与服务。

品牌要接地气、有温度

做品牌就要"高大上"吗？

成为一个好的品牌，最简单的办法就是忘记自己是"品牌"，成为挚友、闺蜜、家人……与消费者沟通时想这样一个问题："我是如何与家人沟通的？"

一定要把消费者当家人，做品牌别端着。消费者与你我一样有态度、有温度，因此，做品牌首先就是要接地气。

创始人 IP 品牌

今天，引领商业风口的往往不仅限于一个企业，更可能是一个人，对于企业创始人更是如此。打造个人 IP 品牌，是顺应时代发展的必然。

品牌赋能

创始人个人品牌的成长会为企业品牌赋能，在品牌资产建设和品牌增长管理上产生反哺效果。诸如雷军与小米、乔布斯与苹果、马斯克与特斯拉等，最终达到个人品牌与企业品牌在影响力上密切联系、相互独立、互相成就。

流量破圈

成功的创始人 IP 品牌，代表一种鲜明的个人印记，可以提高品牌知名度和影响力，获得更多额外的、打破固有圈层的关注度与曝光量。例如，一场发布会将老乡鸡创始人束从轩从幕后带到台前，使他成为"网红"，为品牌破圈引入大量流量。

情绪价值

消费者更喜欢与活生生的人进行交流、接触。企业创始人为自己代言，传播自己的产品，让消费者看到一个实实在在的人，感知到他的魅力与能力，不仅节约了营销成本，还大大提升信任感，甚至还能带来情绪价值。

品牌立场

新一代消费者会选择与其价值理念共通的品牌：我态度鲜明，而你作为品牌，态度却很暧昧，我怎么会购买你呢?

首先，品牌必须具备价值理念与品牌态度。比如江小白，青春小酒；比如 8848，向成功致敬；比如小米，为发烧而生。

其次，品牌一定不能对社会热点话题保持沉默或置若罔闻；相反，应积极主动、清晰认识热点背后的本质，准确把握跟品牌关联的有利一面去主动表达，而非事后被动表态。

再次，品牌广告或内容传播应尽可能多地传递品牌、产品的理念和价值观，而非一味追逐流量，以此和价值观相近的消费者建立联系，并形成品牌偏好。其实，就是物以类聚，人以群分。用一致的立场圈住用户，黏住用户。

最后，品牌不要试图照顾所有人的感受，一次只改变一类客户，逐一攻破，逐一解决。从营销来说，就是针对特定的人群开发产品，不怕人群基数小，一针顶破天，这就是最小动销闭环。有了最小动销闭环的验证，才能复制放大，最终构建强势品牌。

新消费品牌"新"在何处

如果不用新人群、新场景、新产品、新传播这样的方式来描述新消费品牌，我们该如何表述它"新"在何处呢？

品类细分

品类细分是商业得以持续发展的关键。聚焦一款产品，锚定一种风格，从细分品类切入市场，先在小群体引爆，有足够差异化支持形成新的品类。比如Babycare、喜茶、钟薛高等，无一例外都是旧玩素新组合之后的品类创新。但是，品类不会无缘无故细分，有其必然性，如花西子聚焦东方彩妆，其背后是东方美学的崛起。

产品内容场景化

大多数新品牌需要转变营销观念，将产品置入消费者的使用场景，让其能够对号入座，主动想起产品。电商直播、综艺冠名、跨界联名等方式的本质就是将产品内容场景化。在传播层面，品牌内容也越来越简洁。比如，元气森林的"0糖、0脂、0卡"，小罐茶的"8位制茶大师，敬你一杯中国好茶"。

品牌体系化

今天的企业不仅是产品、渠道的竞争，更是品牌竞争。新消费品牌相比传统品牌更具体系化，特别是在品牌形象、品牌故事、品牌价值理念等表达与传播上，更能吸引当下年轻人。

新品牌为什么活不长久

第一，创业、创新型公司本身没有创造独特价值，而是靠"概念"与"模式"吸引一轮一轮投资来支撑。

第二，很多新消费品牌玩的是营销，而不是真正的产品创新。借助平台红利和营销手段做品牌，都是可被复制和模仿的，不具备长期的竞争优势。

第三，本质上是品牌力不足。传统品牌具有多年积累的基本盘市场，而新消费品牌更多的是靠网红爆品的产品力来充当品牌力。品牌打造是一项长期而精细的工作，新品牌通常没这个耐心。

第四，传统品牌一旦营销创新，其影响力更为深远。凭借陈旧但相对稳固的品牌影响力，对新品牌发起挑战，比如茅台冰淇淋、洋河文创雪糕。这

种品牌焕新的打法，无疑可以凸显老品牌新的价值
主张，是品牌生命周期管理中的重要一环。

市场过度细分，出不了大品牌

每个产品都有主流市场、细分市场，对大企业来说，更适合把握主流市场；对中小企业来说，更适合找到一个细分市场。

但市场不能过度细分，过度细分很有可能出来一个伪需求、伪市场，或者只是"小市场"，能做但是做不大。

市场过度细分，出不了大品牌。如果所有竞争对手都在细分市场，你或许应该考虑反其道而行之。

那么，如何判断细分市场是否有潜力做大？

需要围绕竞争、顾客需求展开调研。如果需求明显、很多企业都有涉及但并没有作为核心业务，那就说明市场有潜力、需求并未满足，值得投入。

以云南白药牙膏为例，在经过充分的顾客以及竞争对手调研后，我们发现：顾客需要更专业的、能同时解决口腔问题的牙膏；已有一些企业开始宣传牙周病防治、牙龈保护等功能诉求，但都没有作为核心诉求；云南白药牙膏是药企背景，拥有保密配方。综上，我们最终协助推出功能牙膏这个创新品类与细分市场，一举破局成功，最终成就中国牙膏第一品牌。据财经报披露，截至 2023 年上半年，云南白药牙膏的市场份额已突破 25%。

寒冬里容易犯的错

经济寒冬，每个企业都不好受。

企业家的本能反应就是降低成本，保持现金流的稳定。降低生产成本、管理成本、减薪、裁员、砍掉营销预算、取消广告投放……将能砍的费用全部砍掉，这一切看似顺理成章，实则是犯错。

比如，缩减营销预算，取消广告投放，本身并没有错，错就错在没能用另一种思维方式去降低营销成本。

高明的营销和广告推广，就是用更低的成本占领更大的市场，取得更好的销售成果。

消费信心下降，行业内卷，但人们并不会停止消费，关键在于怎么去刺激、怎么去沟通。

在冬天，市场更难做了，营销创新显得更为重要！

用创新的营销思维、体系化的战役战术，用低成本抓住机会，最大化地扩张市场。你敢于创新，那么，冬天过后，同行经营惨淡，只剩下你独享春天的阳光。

当然，如果你找不到更有创意的创新营销方式，那还是趁早把那些老套无效的广告费用砍掉吧。

与时俱进的营销创新，将是中国企业在冬天里最暖和的棉袄。

梗文化与梗传播

所谓"梗文化"，简单理解就是有趣的"点"，以流行的方式走出小圈子，被更多的人所了解，其本质是圈子或身份上的认同。

比如 2023 年情人节前夕，瑞幸咖啡与线条小狗联名，上线了带刺玫瑰和相思红豆两款产品。说起带刺玫瑰，网友们脑洞大开，开始自发玩梗。瑞幸则迅速与脱口秀演员"带刺玫瑰何广智"开展合作，再次引爆传播。比如我们为太极急支糖浆做传播时，将豹子与美女"为什么追我"的老梗结合急支豹 IP 进行经典再演绎，引发了群体性共鸣，年轻粉丝纷纷讨论豹子追美女的原因，在评论及弹幕中开始高频次互动，将梗传播发挥到极致。

在互联网语境下，造梗、懂梗、接梗、翻梗是一项基本技能。虽然梗的传播有时会消解事件的严

肃性，也会有原生语境、人群的限制，但其传播迅速、
高度概括、内涵丰富等特点体现出不可替代的独特
性，若与品牌承接得当，有时会成为一种品牌文化
记忆，成为品牌故事的一部分。

做营销，先了解我们自己

做品牌、做营销、做产品时，首先必须定义目标人群，研究他们的消费心理。但很多目标人群分析研究往往流于刻板的人口统计学数据、市调分析、行业数据等，而忽视了消费者的普遍心理。

实用主义

要让消费者去做一件事情，一定得有一个实用的理由。如果是想让他购买或使用一个产品，应该清楚地交代它能帮助解决什么具体问题。比如：王老吉能够预防上火；太极急支糖浆能止咳；云南白药牙膏能帮助解决口腔溃疡、牙龈出血、牙龈肿痛等问题。新一代消费者渐渐开始关注产品能否满足精神层面的需求，比如：介绍奢侈品牌的口红会说"女人要对自己好一点"，下厨房 App 说"唯有美食与爱不可辜负"，江小白说"我是江小白，生活很简单"，这些品牌主张其实也是实用主义思维的一种进化。

缺乏安全感

舒肤佳定位于"抗菌香皂"，即使价格高出普通香皂不少，也会让年轻母亲动心，因为她们相信用舒肤佳可以让孩子免于户外玩耍时感染细菌；维矿类产品诉求提高免疫力、少生病，也契合了消费者对健康的理解和追求。

统计数据显示，2021 年，35 岁以下群体购买"知识付费"的比例达 58.8%。近年来，我国"知识付费"消费者规模呈稳健上升态势，预计 2025 年将达 6.4 亿人。虽然近年"知识付费"的概念因"贩卖焦虑"被批判后演为"内容付费"，但本质依旧是解决消费者的不安感。不过，这种不安更多是精神状态。

缺乏信任感

10 多年前，毒奶粉、皮鞋酸奶这些被曝光出来的负面新闻，让国产品牌面临越来越严重的信任危机，这场博弈的结果自然是两败俱伤。许多厂家满怀激情地推出一个新产品时，一些消费者的第一反应却是捂紧钱包，提醒自己"狼又来了"！

在自媒体时代，从产品体验到营销活动，从广告内容到意见领袖（KOL）发言，均会被消费者解读、点评和传播，从而影响消费者的购买、使用决策。调查数据显示，在购买之前，68% 的 95 后会阅读至少 3 篇评论，16% 的 95 后第一次用自己的钱购买之前会阅读 9 篇或更多的评论。

重家庭

以"恕、忠、孝、悌、勇、仁、义、礼、智、信"为中心思想，倡导血亲人伦、道德理性的儒家文化影响着国人的家庭观念，亲情也成为品牌与消费者沟通最重要的切入点之一。

传统意义上的家庭包括丈夫、妻子、孩子及祖父母，但是现在不婚、晚婚、仅育一孩或者婚后不育的家庭明显增多。我们必须考虑到这些非传统家庭的独特需求，因为按照目前的趋势，这类非传统模式的家庭超过了传统模式家庭的增长，他们的需求和购买习惯及模式会带来更多市场的机会。

爱面子

面子是中国文化的一个重要组成部分，在汉语中有"给面子、留面子、丢面子、争面子、做面子"等诸多关于面子的词语。

很多人待客时，烟、酒、茶是标配。烟有中华，酒有茅台，但是茶似乎没有什么特别上台面的品牌。基于此，小罐茶提出"中华烟、茅台酒、小罐茶"，智旗协助定位"总裁待客茶"，打出"高端中国茶"的口号，就是抓住了很多人爱面子、讲面子的心理。

年轻人为了"面子"而超前消费甚至举债消费的情况屡屡见诸报端，这就要求企业和品牌在与消费者沟通时要更加注意方式和策略。要知道，一场成功的营销战往往旷日持久，最好的结果是实现品牌、消费者、社会多方共赢，一味追求眼前利益、竭泽而渔的做法并不可取。

重圈子

今天，我们依旧习惯于用"娱乐圈""媒体圈""时尚圈"之类的词语来称呼不同的行业；用不同的兴趣爱好来给 KOL 和博主分类，比如美妆博主、旅游博主等。

身处某个圈层中的消费者在做出决策时，更容易受到圈层领导者、圈内意见领袖和圈内其他人的影响，也更情绪化。近年来，针对内容粉丝的 IP 营销取得不错的成绩。

圈层文化的存在催生了新的产品和新的市场，也能让营销战更聚焦；企业和品牌甚至可以利用圈层思路，搭建自己的社群。

从众和个性并存

一些人有一种矛盾的心态：一方面认为"枪打出头鸟""木秀于林，风必摧之"，另一方面又特别推崇"众人皆醉我独醒""我辈岂是蓬蒿人"，在盲目从众与追求个性之间，一直有一个钟摆在晃来晃去。

从众心理让品牌热衷"种草"，而消费者熟谙"拔草"。明星代言逐渐变成了网红 KOL 推荐、素人 KOC 带货，几轮营销战的更迭，捧红的 HFP、完美日记之类的品牌一次次印证了"口碑传播"的实效，也反映出从众心理在购买决策中的影响力。

另一方面，害怕被朋友圈的潮流淘汰的同时，以 90 后为主的年轻消费者又鄙夷所谓的"爆款"产品或服务，喜欢用小众来标榜个性。

追求潮流与追求小众，两个看似矛盾的特征在年轻的消费者身上共存着，想要与这类人群有效沟通，除了采取差异化的品牌策略，也需要挖掘不一样的传播与沟通方式。

重视教育

教育与考试是近千年来普通人提高生活质量、实现阶层跃升最行之有效的方法。进入 21 世纪的第三个 10 年，消费主力军已由原先自身受教育不够而寄希望于下一代的 50 后、60 后、70 后父母，变成了受过良好教育、某种意义上"跳过龙门"的 80 后、90 后父母。

他们的专业素养更高，从备孕开始就做足功课。

他们想要更科学的育儿观，针对父母的育儿类课程、书籍、内容的市场已是一片红海。

他们想要与国际接轨的教育形式，线上外教、儿童机器人课程、海外游学越来越多。

比起成绩，他们更注重孩子的全面发展，围棋、跆拳道、舞蹈、美术等素质教育早已成为很多少儿的"标配"。与父辈相比，他们也更焦虑。已经实现阶层跃升的年轻父母更愿意把眼光转向国外，语言教育、海外游学等市场进一步扩大。

消费者的三种需求

需求是一个公司（产品或品牌）成功的根本。洞察需求是企业的命门。

用户的需求主要有三种：

第一种：客观上存在，但是原来没有这个需求（比如中国人结婚，传统是戴金银首饰，但随着戴比尔斯对钻石的宣传，钻戒一度成了刚需标配）。

第二种：客观有需求，主观虽然知道，但是不够迫切（或者没有意识到重要性）。这类是主流。

第三种：客观有需求，主观很迫切（如：已经得的病，想结婚要买的房子，对一种可知状态的追求）。

对营销而言，只有需求迫切存在，消费者才可能产生购买动机。

企业在开发大多数产品时信心百倍，认为人们一定需要自己的产品，一定知道自己的真正需要。但遗憾的是，消费者并不是产品的开发者，他们没有义务真正深入地了解产品。因此，很多确实存在的需求，要么是他们不知道自己需要；要么是他们虽然认为自己需要，但是并不迫切；要么是需求没有和产品对号入座。这三种情况都会使产品销售受到影响，更不要说那些原本就是一厢情愿的伪需求。

创造需求的六个关键点

在《需求：缔造伟大商业传奇的根本力量》一书中，作者列出创造需求的六个关键点：

创造情感共鸣

比如Zipcar：离你最近的租车公司，主打"自由"。

解决"麻烦"

挖掘潜在需求，比如用户碰到的麻烦事。手机按键烦琐，于是苹果搞了个"一键世界"，少就是多，这是不变的真理，把传统手机给颠覆了。

背景因素

成就或摧毁一款产品的力量，有时隐藏在你看不见的地方。比如Kindle的成功不是因为它的电子墨水技术，其实索尼早它三年就发明成功了，而且比它更好用。为何索尼失败了而Kindle成功了？因为Kindle背后海量的图书资源。这是亚马逊成功的背景因素。

激发力

激发需求很重要。比如，Nespresso 胶囊咖啡机转型定位为高端，当成"咖啡中的阿玛尼"去营销时，就越来越被用户接受。

45 度角改进曲线

用大白话来说就是要快速迭代，比如早期的小米手机。

去平均化

很重要的一点是不要试图照顾所有人的感受，而应该一次只改变一类客户，逐一攻破，逐一解决。针对细分人群，提供产品与营销方法。

简单总结一下，就是从日常生活的麻烦事里面提炼需求；激发人们的情感共鸣，增强产品魔力（痛点）；打造与产品相匹配的背景因素；寻找激动人心、激发购买行为的力量（爽点）；快速试错，快速迭代，比对手更快一点；针对不同用户与市场，提供个性的或多样性的产品选择；找到最佳节点发布产品，体系化营销。

碎片与整合

稍微回顾，你会发现这些年流行过很多概念：互联网＋、物联网＋、增长黑客、私域流量、圈层、微商、新零售、元宇宙、AIGC、品牌出海……各种概念流行无非说明一个事实，即当下已经无法被准确定义。其根源在于一切都被碎片化了。

人群碎片化

曾经中高端产品定义"领导人群"，新锐品牌定义"都市白领"，都还算奏效；今天，85后与90后居然有深不见底的鸿沟，95后群体大特征不显著……

渠道碎片化

产品开发用尽心思，新产品上市却不知如何策划，在哪个渠道卖？如何定价？很多企业好像难以找到主流模式。

媒体碎片化

2008 年，智旗一句"从今天起，把电脑装进小夹包"的报媒广告让 E 人 E 本起死回生。现在新媒体、KOL、达播、网剧等选择太多，品牌企业反而不知道怎么去做推广与监测效果。

乱中取胜，方见英雄诞生；碎中拼图，才能指引方向。

对企业而言，无论是商业模式还是营销战略，越面对碎片化的环境，越需要整合。

首先，统一思路，不要被假象迷惑。

风口哪里都有，光有想法不解渴，能让企业安身立命的究竟是什么？是产品、模式还是团队？思路得明确。

其次，看清趋势，集中精气神。

对企业而言，一个阶段的发展方向只能有一个，要集中所有优势资源一鼓作气打一场"歼灭战"，少打"游击战"。

再次，整合营销。

碎片化下的整合营销是精耕细作，是将散落的珍珠串起来，是多个专业细分下的整合与协调。因此，策略化、体系化的经营思维尤为重要。这不但要求企业各部门有全局意识，还要具备很强的单兵作战能力。

最后，落地变现。

品牌营销的最终产出不完全是销售额，它还可以是用户数、品牌资产、技术专利、渠道资源等，但一定是确定性的、可转化的。再好的概念不可转化也是枉然。

一个成功的企业，必须走过概念、执行、变现三个阶段。无数创业者与企业热衷于概念，倒在执行，败于变现。

今天，扁平与去中心化之后，品牌知名度、美誉度变成了虚幻词，而营销恰恰相反。它的组织体系、推广体系、渠道体系比以往更需要强势与集权，如果认知不统一，企业将面临巨大挑战。

体验营销

《哈佛商业评论》发表的一项研究报告指出："公司利润的 25%～85% 来自再次光临的顾客，而吸引他们再来的因素首先是服务质量好坏，其次是产品本身，最后才是价格。"

当下的新零售企业，做好服务还不够，我们认为体验比服务更重要。智旗服务的顺电味就是体验营销的成功案例。

顺电味在业内首倡"生活提案"的经营理念，即目标顾客群的生活方式呈现出高水平化、个性化、多样化的发展趋势，综合性零售卖场必须向个性化的个人提出一对一的家电、家居生活提案，以匹配每一位顾客的生活风格与品质追求。

围绕"生活提案"这一主题，顺电味每月会举行大小推广活动 20 余场次，从红酒品鉴到高尔夫体验，再到摄影教学、吉它弹奏等，每场活动给顾客带来不一样的惊喜与体验。这带来更多忠诚顾客，同时促进了销售额的提升。

　　新零售品牌需要的是"俘获人心"的体验创新。更好的购物体验、社交化的场景氛围、生活方式的引领，以及用创意宣传去驱动生意变现，将成为实体零售商未来最有力的获客与增长战略。

粉丝经济

这年头，创业的、守业的肯定绕不过"粉丝"这个词。

从吸引粉丝到粉丝经济，这里面的"坑"想必大多数人肯定也是绕不开、避不掉的。

数据就是粉丝。比如 App 的用户、社媒的粉丝、电商后台里的客户数据库，殊不知，这只是数字，99% 是死的。

用户就是粉丝。在线上店铺购买过商品的人，能算作粉丝吗？来线下店消费，还写了好评，应该就是粉丝了吧？其实，这完全是两种思维。

粉丝越多越好。比如微博账号粉丝多，的确面子好看，但对品牌的帮助究竟是什么呢？对很多企业账号而言，3 万粉丝跟 30 万粉丝并没有本质的区别。

事实上，拥有一定数量的粉丝并不难，难在究竟该怎么运营粉丝，产生适当的效应。把粉丝变成粉丝经济，至少有这几道鸿沟需要跨越。

互动

考量是否为粉丝的第一个标准就是其与品牌有没有互动，包括持续的、自发式的点赞、转发、评论、推荐、复购等，也包括积极群聊、参与活动、结伴聚会等。

黏性

黏性可理解为忠诚。忠诚的 3 万粉丝与 30 万无互动的粉丝简直是天壤之别。黏性就是能不能持续地参与互动，或者因为某个特别的原因（比如会员价、天天追着看的段子）等始终不离不弃，持续关注并日久生情。

转化

付费才是真爱的体现。再多的粉丝、再强的黏性、再深的好感不能转化成实际的效益，都不能成为粉丝经济。粉丝产生购买行为，是最直接、最有效的转化，但并非唯一。转化还可以是口碑推介、信任背书、危机背书等。对品牌产生正向积累的经济效益、社会效益，都是粉丝经济必不可少的组成部分。

怎样才能实现更高的转化呢？

方式有三，由易入难，由表及里。

最基本的是因利益而转化。比如用持续的高质量的内容黏住并转化粉丝，这里的内容不仅包括心灵鸡汤、互动活动，也包括适度的定制化促销活动。

高阶一点的是因产品而转化，粉丝追随产品而来，而不是为了某个利益。粉丝运营的重点是产品本身，包括极致手感、差异化功能等，粉丝数量不用很多，1000 个种子用户足以引爆市场。

最高境界的转化是品牌认同。通过持续的品牌理念及价值观的对接而达成情感认同、情绪上的响应、身份感一致，形成个人专属品牌的深刻印象，这样的转化毫无障碍，并且会产生真正的口碑效应。

对照一下，是不是大多数所谓粉丝经济只是促销经济而已？因此，对企业而言，粉丝经济只是营销思维，必须回归产品与品牌的本质。

粉丝经济，说到底还是品牌经济。

精品国货是否应该卖高价

　　一些人对曾经的国货有土气、廉价、缺乏创新的刻板印象，今天的国货则代表民族品牌的崛起，代表文化自信、产品自信、创新自信。很多国货品牌甚至已超越国际知名大牌。

　　精品国货的出现并非一朝一夕，需要全产业链支持与协同，周期长、投入大，还需要在技术、工艺、材料等方面做出突破，这些都是考验与门槛。所以，真正意义上的精品国货肯定不是情怀取胜，必然是同品类中具备中国特色、高品质且有高附加值的产品，是传统与当下潮流结合的典范，只有这样，用户才会有物超所值的消费体验。如果仅仅是营销概念创新，精品国货也只能沦为短期爆品，注定走不长远。

从来不会因为有一个偶然的爆品，品牌就成为精品国货的。企业要坚持创新，一代一代地推出适合当时消费者喜欢的产品，这种具备长盛不衰生命力的产品才是国货之光。对这样的好产品，我们旗帜鲜明地倡导"货真价实"的原则，精品就应该获得合理溢价。

零食品牌如何让年轻人喜爱

企业要想抓住年轻消费者，必须先读懂年轻人。

例如，在 Z 世代的饮食文化中，他们追求健康、品质和尝鲜，也更关注社交、个性与情感。想要获得他们的青睐，需要深度融入 Z 世代群体，增强品牌对他们的吸引力，建立积极的品牌形象，获得他们的喜欢与支持。

不新奇，不上市

年轻人喜欢尝试新奇的事物，因此零食品牌可以勇敢研发创新产品，大胆尝试新口味，比如藤椒味饮料、芥末味蛋粒等；或是强调产品的健康属性，比如低糖、低脂、天然成分等。

不独特，别出街

通过 logo、包装设计、广告和品牌故事，激发人的食欲，建立一个独特而有想象力的品牌形象。

不共创，没共情

企业应通过各类社交媒体平台，倾听年轻用户的意见和反馈，鼓励并设置机制邀请他们参与试吃、线下体验、产品开发、内容建设，增强品牌的共情能力。

农产品营销

有些品类天然地适合创始人 IP 打造，比如农产品。通过打造传播本地农人形象带动产品销售，并为品牌创造溢价，在日本、中国台湾等地已有很多不错的成功案例。最近几年，我们也迎来了这样的机会。

毫无疑问，首先学习讲故事。风土人情、天文地理、品种衍变、远古神话与今人今事都可以作为素材，利用短视频及直播，再没有比此投入更高效且更易掌控的传播方式了。

不要相信薄利多销，而要追求货真价实。合理的利润才能支撑企业良性发展，哪怕是个体户；否则做的就是流批市场，貌似有流水，实则在滴血。当然，没必要执着 BtoC，BtoB 也能打造品牌，特别是前期道路未明时。

企业必须做好封闭渠道，如私域。"提供个性化服务＋制造口碑＋品质感知＋销售裂变"等，传统电商可以用来定义品牌与树立形象。

不要执着品牌，农产品口碑更重要。口碑也是品牌。如果做品牌必须高度定制化，一品一策，尽量不要套用别人所谓成功案例。

最后，尝试开店、店中店，或者让加盟商开店。农产品终究离不开线下真实的体验。

国货彩妆品牌营销

曾几何时，市值超过 100 亿美元的公司多花点钱搞收购、线下密集开店、请明星打广告、花钱买流量……这些不是很常见吗？我们想想曾经的教培机构，看看曾经的互联网企业，熟悉的模式与套路历历在目。

国产化妆品的平均营销投入在 40% 上下，完美日记曾经超过了 60%。为什么国产彩妆营销投入这么大？花钱买流量了。不停地花钱买流量说明需要不停拉新，如果复购与黏性不强，这是危险信号。

国货彩妆的出路在哪里？核心还是打造产品力。

欧莱雅也是代工模式，但研发费用占营收超过3%。2024 年逸仙集团最新业绩报告显示，研发费用占比为 3.6%。花西子则宣布 5 年内投入 10 亿元用于研发。可见，没有研发就没有产品创新、没有差异化，只能靠广告，只能靠性价比，只能靠促销与价格战。这几乎是国产化妆品的集体悲哀。

打个比方：国产口红 30 元一支，国外大牌 300 元起；国产品牌营销投入达到 60%，对方才 30%；关键 RIO 还只是人家一半。国产化妆品根本没有利润或少得可怜，于是只能靠买流量续命，陷入死循环。

品牌成功有四个要素：可被定义的目标人群＋烙印般的核心价值＋有使命感的产品＋正向积累的营销活动。期待美妆领域出现伟大产品，但是国货不能总是靠价格战。赋予品牌美好的情感价值与文化认同，构建品牌偏好，这也是赢得竞争的有效方法。

药企转型

药企转型并非简单地上新品、拓新渠道，或者通过打广告升级品牌形象。更为关键的是从客户端思考，从价值链上找到最大的机会点、决胜点。

有部分药企擅长做产品研发与学术营销，但是缺乏面向 C 端的产品价值梳理。产品是药企赢得市场的基本要素，但并非全部。药企成功转型，必须重视顾客心智的开发和对品牌的经营，要从品牌资产、市场政策、行业趋势、竞争态势等维度梳理剖析，充分发掘自身的禀赋以及品牌、品种沉淀下来的资产，找到消费者的真实需求。药企转型不但要有好的产品，更多的是要从战略、品牌的角度去思考：能否成为这个品类的第一，能否有机会为上下游价值链提供全新价值，这才是决定转型最重要的机会点。

以东阳光为例,它从药企切入大健康赛道,是以鲜虫草这个全新品类打开市场,一切都围绕"鲜"字进行价值重塑,去配称企业所有的生产经营活动,为上下游赋能提升经营价值,从而顺利打开进军大健康产业的大门。

第二章
——
明道

道是理念、规律和原则，对品牌而言，则是所要走的战略路线和方法。明道就是选择，尤其是选择不做什么。

　　老子说："大道甚夷，而民好径。"难而正确的事往往就是道，成为第一就是道。如何成为第一？信念在先，目标、路径、方法在后。有道无术，术尚可求；有术无道，止于术。

第一品牌战略

"第一品牌"很容易被企业当成一个在嘴上喊的豪迈口号。

第一品牌是口号，是目标，更是需要企业家冷静务实去决策的企业战略。

要不要做第一？

究竟做哪个领域的第一？

如何才能成为第一？

回答这些问题必须与企业自身资源、竞争环境、战略实施能力相匹配，更需要企业创始人扪心自问：不做第一行不行？每个创业者心中都有"第一"的梦想，"成为第一"是创业者的内心驱动力。杰克·韦尔奇说："第一重要的就是做第一。"因为在消费者的认知中，第一品牌代表权威，代表品质，代表最值得信任。因此，第一品牌战略本质上是以消费者为导向，是要成为消费者心目中的第一。

第一品牌不完全是销量第一。从消费者体验与心智出发，它可能是第一个发明者、第一个传播者（比如九阳豆浆机），可能是第一个创造品类（比如眼贴膜）、第一个进入某种渠道（比如只在药店有售），也可能是区域第一（比如胖东来）、特定人群第一（比如老人鞋），等等。

图 2-1　第一品牌战略

第一品牌战略不仅是战略目标、路径、实施方法的统一，也是问题点、机会点、价值点的结合。以小罐茶为例，小罐茶从待客和送礼的场景激发了高端消费品的需求，解决了目标人群不会喝茶、不敢喝茶、不敢送茶的普遍性社会问题，以小罐作为全新品类创造了全新的用户价值与品牌价值。

　　打造第一品牌，要有方法、有技巧。打造第一品牌，不仅是一个激动人心的战略口号，更需要考虑的是企业体系化的执行能力，以及策略、战术的系统组合实施水平。

　　战略是方向，是左与右；策略是方法，是对与错；战术是技巧，是巧与拙。最伟大的战略如果做不到扎实地实施，最终也只能是纸上谈兵。

抢位战略

　　"第一品牌战略，简而言之，就是"找到正确的路径，成为某个领域第一品牌"。这一定义包括战略的三个层面：

　　1. 选择做什么——你所选择的领域，即你要做的事情。

　　2. 要达到怎样的目标——占领消费者什么样的心智空白成为第一。

　　3. 选择怎样的路径——必须找到相应的方法和路径，否则第一品牌战略只是激动人心的口号，这正是第一品牌战略的关键部分。

　　我认为，打造第一至少有三种战略路径：

抢位：找准心智机会，抢夺第一

　　抢位就是瞄准市场机会，把握消费者的心理，率先发力，抢先占有消费心智中第一的地位。摔跤界有句名言："压住对手，就输不了。"在营销战中，抢位第一，就能脱颖而出。

抢位战略适用在强竞争环境下的两种格局：一是多头竞争，品牌势均力敌，但尚未出现第一品牌，率先出击瞄准第一；二是寡头已现，第一品牌独占鳌头，品牌直接冲击对手或实现双赢。

是否实施抢位战略，必须基于对市场的四点判断：

1. 消费者心智中的第一品牌是否已经形成？

2. 市场空间是否已经达到饱和，未来是否还有发展空间？

3. 市场是否已进入充分竞争状态？

4. 竞争品牌是否也在实施抢位战略，正在快速上升？

如果以上四个问题的答案都是"否"，那么你就可以选择抢位战略，占领第一品牌的地位。如果有两个以上的答案是肯定的，那么你则需要慎重考虑，或者选择其他战略路径。

以空调营销战为例：2001年以前，海尔、美的、春兰、格力、志高、海信等六大品牌势均力敌，在消费者心目中，并没有出类拔萃的第一品牌。格力以做空调第一品牌的战略目标，专注于空调制造和格力品牌维护，心无旁骛；在战术上，10年坚持"好空调、格力造"的心智占位，终于获得更多市场份额。

实施抢位战略，该如何击败对手夺得第一？

聚焦原则，抢夺第一

聚焦最常见的是用于企业经营。例如，专注做视频游戏的任天堂，比产品一应俱全的索尼利润高13倍。同时，聚焦也是实施抢位战略的方法，常见的是品类聚焦和场景聚焦。

格力聚焦空调品类，打破六雄争霸的局面，完胜当时空调品类第一品牌春兰，成为品类第一。2012年技术创新升级，格力变频空调拥有近一半市场占有率。

必胜客是美国第一个全国性连锁机构，并提供外卖业务。达美乐进行场景聚焦，收缩业务范围，聚焦外卖场景，开创宅送比萨品类，并一举成为美国第二大披萨品牌。

资本加冕的瑞幸在抢位战略上可圈可点。星巴克倡导家庭、办公室之外的"第三空间"，瑞幸聚焦"第二空间"——办公室。星巴克在线下商务区开店，瑞幸就主打线上空间。瑞幸的场景聚焦打造了全新线上咖啡品类。

对立原则，抢夺第一

在营销战中"不同"胜于"更好"，你不可能用领先者的方法打败领先者。

2004 年，在保健茶市场，御生堂肠清茶成为润肠通便茶的第一品牌，通过有些粗暴但很有效的平面广告，以"清肠道、除宿便"的诉求横扫大江南北。"肠清茶"也成为继排毒养颜胶囊之后一个全新的品类。

到 2009 年，最终笑到最后的却是碧生源。

在广东启动市场的碧生源发现了御生堂有两大软肋：粗暴的广告模式能迅速启动市场，但难以塑造品牌，很难长久；肠清茶采用区域买断代理的营销模式，各地代理商为了短期利益，难以进行持续的投入和品牌维护。

发现御生堂肠清茶的两大软肋后，碧生源确立了要做肠清茶第一品牌的战略目标，但采用与御生堂完全不同品牌推广模式和战术。一是放弃报纸广告，主投电视广告。电视广告既保持一定的品牌形象，又把利益承诺到位，迅速吸引消费者。二是坚持自主运作市场。深耕细作广东市场，做到 2 亿销量后逐步开发全国其他市场。到 2009 年为止，它开发 13 个省级市场，销量实现 7 亿。

补位战略

　　《孙子兵法·虚实篇》中说："夫兵形象水，水之行避高而趋下，兵之形避实而击虚。"这里的"避实而击虚"，就是我们要说的补位战略。

　　所谓补位，就是利用自身特色，在第一品牌之外寻找新的"缺口"，采用新打法、换市场等，把握市场机会，成为新势力，挑战第一，最终成为新旧两大势力品牌，吻合每个赛道有两个头部品牌的原则。

　　提起酱香型白酒，茅台是绕不过去的，它在行业中就是神一般的存在。起初，无人知道的"青花郎"采取补位战略爆破市场。"中国两大酱香白酒之一"的概念一出，青花郎成功借茅台知名度快速上位。

　　在消费品行业，除白酒外，还有许多品牌都借势老大，形成了格局稳定的双寡头市场。

补位战略是一种另辟蹊径的挑战战略。错开同品类第一品牌的核心卖点，寻找新的市场机会，进行差异化定位，找到新的机会点和决胜点，从而与老的第一品牌并驾齐驱，或者超越老的第一品牌。

如何寻找新的机会点，把握新的市场机会，一直以来，智旗都有两个观点：

1. 国内 14 亿人口的市场意味着无限可能，意味着无数个第一品牌桂冠等你去摘。

2. "中国式浅表初级竞争"，谁略高一筹，谁就是第一。

中国的蓝海市场到底有多少，谁也说不清，需要无数个敏锐的企业家之眼去寻找、去补位。

立位战略

战略立位分为两种：一是创立新品类，自立山头，称霸为王；二是重新定义品类，给已存在的品类换一个新概念，并重立新主，让对手成为明日黄花。

市场细分越做越小，品类创新越做越大

传统的市场营销强调市场竞争很激烈，必须进行市场细分。当所有竞争品牌都在做市场细分时，一个本来就狭窄的细分市场充满了不同品牌的细分类产品，市场越做越少，竞争越来越激烈，利润越来越薄。

品类创新是在洞察消费者需求上创立一个新品类，使品牌盘踞一个品类之上，让对手难以进入，取得市场的主导权，甚至独享一方市场。比如：排毒养颜胶囊开创"排毒"理念；凯芙隆净水机推出"免安装"台上净水机,成为品类代表;E人E本开创了"原笔迹手写电脑"这一新品类,为平板电脑行业带来了颠覆性的改变。

品类立位,关键在于洞察需求

无论是E人E本还是香飘飘、王老吉,都是第一个洞察消费需求,第一个强势实施立位战略,从而奠定霸主地位。

如果没有对消费者需求的洞察,盲目推出新品类,消费者只会视而不见。

比如,国内一家比较知名民营教育机构受定位理论的影响,仿照七喜的"非可乐"定位,将自己的民营教育机构定位于"非大学教育"并大力传播,还请了明星代言。

很明显,这一定位并非从消费者需求出发,"非可乐"的定位是因为不是所有的消费者都喜欢喝可乐,而标榜"非大学教育",难道能让这些学生毕业后自豪地说"我没读大学,读的是非大学"?显然,这样的品类定位是错误的。

实施立位战略，必须追求速度制胜

立位战略的根本是你率先发现了新的需求，并且谋求占有这个新品类。一旦你获得初步成功，嗅觉灵敏的对手，就能意识到其中的机会。

如果你不能在短期内迅速扩张，一举占领这个品类，不能在消费者心智中形成难以撼动的第一品牌地位，对手将会通过规模化营销攻势、强大有效的广告传播迅速超越你，后来居上。

E百分和好记星的竞争，就是一个活生生的例子。

E百分最早推出"学生英语学习机"，并在前期的试点市场取得了成功，而这个过程被一位比E百分更敏锐、更具魄力和行动力的企业家注意到。在短时间内，他推出另一个品牌——好记星，并在品牌塑造、产品设计、营销策略、战术技巧、推广力度上舍命投入，饱和行业，很快全面超越E百分。到2009年，好记星连续4年销售额超过20亿元，一直占据英语学习机的第一品牌的地位。而这个品类的开创者E百分，已经消失在市场竞争的洪流中。

品牌战略就是企业战略

品牌是企业的核心经营成果。

品牌战略就是企业战略。没有品牌战略，就没有企业战略。

品牌战略以消费者视角看发展，就是企业将品牌作为核心竞争力，以获取利润与价值的企业经营战略。

企业战略以企业内部视角看发展，就是发现、创造新品类和定位的机会，用品牌战略去捕捉机会点与决胜点。将内外部视角利用"品牌"这一抓手统一起来，用品牌战略驱动企业战略，这通常就是成功企业的做法。

品牌战略落地的核心在于配称，即要求企业在生产制造、研发、组织架构、营销等方面都要服务于品牌，通过全面提升企业的品牌竞争力来推动企业的发展。

　　最大限度地善待利用现有的品牌资产，在此基础上制定高效的品牌战略与品牌架构，以品牌战略来驱动整合企业所有的经营活动与价值创新，进而推进品牌资产增值，才能实现企业战略价值。

　　举例而言，基于品牌战略的广告才是有策略的广告。广告只有建立在策略概念的基础之上，创意效果才会更加明显，体现出品牌的核心价值，而大部分的流量广告都没有策略可言。

品牌战略的核心

短期成功靠战术，长期成功靠战略。

品牌战略启动前必须清晰界定自己及其位置，至少回答三个核心问题：

1. 处于什么样的竞争格局？（你在哪儿？）

2. 处于什么样的市场地位？（能去哪儿？）

3. 处于什么样的心智状态？（如何改变？）

企业决策层清晰的自我认知和对品牌的高度理解，是品牌战略实施成功的核心。因此，这三个问题决定了品牌战略及其接下来的战略运营配称。

大部分企业不是没有战略，而是战略定位不清晰；不是没有运营，而是没有以品牌战略定位为中心，建立差异化可落地配称系统。

智旗 20 年一线营销实践发现：没有一套经营活动组合，无法建立品牌。靠所谓单点突破或网红爆款，只是营销战术。企业只有围绕品牌战略定位，建立体系化运营方法，才能高效实施品牌战略、驱动企业经营活动，最大化发挥品牌的战略价值；否则，就会陷入"品牌太虚""品牌不灵""品牌投入太大""见效太慢"等认知误区。

品牌＝价值＋价值观

请你试着回答一下：到底什么是品牌？

品牌是一种名称、术语、标记、符号或图案，或是它们的相互组合，用以识别企业提供给某个或某群消费者的产品或服务，并使之与竞争对手的产品或服务相区别。

品牌是企业或品牌主体（包括城市、个人等）一切无形资产总和的全息浓缩，而这一浓缩又可以以特定的符号来识别；它是主体与客体、主体与社会、企业与消费者相互作用的产物。

以上两种关于品牌的定义，跟你心中的答案一致吗？

我认为，**品牌就是价值与价值观的总和。**

什么是品牌价值

品牌价值就是品牌输出的产品与服务能带给用户、利益相关者、企业自身的具体利益，比如解决了某个具体问题（功能价值），带来了情感的愉悦（情感价值），抑或是社会地位的上升（象征价值），等等。其中，最核心、最独特的价值就是品牌真正的竞争优势，就是品牌真正的核心资产，就是品牌定位。

什么是品牌价值观

品牌价值观是品牌文化的核心，是品牌的基因，是判断、评价品牌价值的标准与准则。直白点讲，就是品牌在追求成功时所推崇的基本信念与奉行恪守的基本目标，若这个价值观与主流社会与主流人群的价值观相吻合，则可以实现品牌心智预售并实现长期品牌价值。

品牌价值观推动、引领品牌价值向前发展，并适时做出取舍，从而让价值更聚焦、更强大、更易占领心智。对品牌而言，两者相辅相成，缺一不可。

没有价值，品牌就如流水线上的半成品。

没有价值观，品牌就是一潭死水，没有感染力与共情、共识。

因此，所谓品牌，就是不但能持续卖货，还能提供无限的能量，让人热爱与追随。

品牌核心价值

在服务大量客户后我们发现，高速增长的品牌、行业领先品牌更需要明确界定并重视品牌核心价值。

一个品牌往往有功能、情感、社交等多重价值，在不同生命周期需要明确并界定一个核心价值。以此为原点，构建营销 4P 及企业经营逻辑，并在这些经营活动中，进一步提升并强化品牌核心价值。

品牌核心价值基于产品，但必然超越产品本身。

比如，花西子"东方彩妆，以花养妆"，紫荆教育"让每个人都有改变的可能"，等等。

好的价值理念可以创造需求，进而创造品类、改变行业，并带来真正的品牌溢价。相比有形的产品，无形的价值理念或文化理念更打动人心，难以做山寨版，是真正的品牌顶层战略。

构建品牌核心价值三部曲是界定价值、价值配称、价值传播，其终极目标是品牌利润与价值最大化。

营销就是理解人性，打动人心

营销本质上是一场攻心战。在这个战场上，品牌只有深刻理解人性，才能打动人心，赢得消费者心中的"第一"。

人性中的渴望、梦想和欲望，是品牌与消费者沟通的桥梁。乔布斯在 1997 年讲"think different"（非同凡想），华为在 2018 年的宣传图片上的广告语为"伟大的背后是苦难"，这是人性中最不易得却又是最光辉的部分，触动人心甚至灵魂。而像"向成功致敬""为发烧而生"则直接利用人性中的渴望与欲望，是高效营销的经典案例。

史玉柱通过持续每周访谈 50 个消费者的方式，直接获取消费者的真实需求和反馈。他甚至通过伪装成玩家与用户聊天、测试市场反应等方式，不断调整和完善营销策略。

　　钟睒睒更喜欢通过参与公益事业等方式来打开群体认可度，强化并承担企业社会责任。他认为最好的品牌营销就是事件营销，通过抓住时事热点和当下消费者心理来提升品牌知名度和影响力。

　　我们常说有需求就有市场。杜国楹则改动了一个词：有追求就有市场。一个全新的营销理念就出来了。

　　三位深谙人性的企业家有三种不同的打动人心的方法。他们都是充分把握并理解人性中的普遍共性，如对美的追求、对情感的渴望、对成功的向往、对新奇特的好奇等，通过一个又一个产品和服务创新，在竞争激烈的市场中脱颖而出。

　　理解人性，打动人心。人性是相对固定的，而人心是复杂多变的。利用人性可以快速赚钱，而打动赢得人心则可以实现品牌长期价值和成功。

产品是 1，营销是 0

"做好产品"是比"做好营销"更前置、更重要的成功方法论。

《详谈杜国楹》副标题为"营销最终是价值观问题"。我认为营销本身并不创造价值，而是放大产品的价值、放大品牌的独特价值。

把握更大品类机会

关于品类洞察，杜国楹说："我任何一次创业，一个东西一点创新没有，这个情况几乎不会在我这儿出现。我一定是重新审视这个品类：已经解决了什么问题，有哪些问题没有解决，我们应该解决什么有价值的问题，怎么给用户带来直接的价值。"

E 人 E 本是满足商务人群的手写需求。8848 手机则发现苹果与 vertu 之间的需求空白，满足轻奢科技品的需求。做小罐茶，因为茶行业需求更广，品类空间更大，生命力更长久。

简单总结：首先从品类现状出发，基于品类能够解决的问题、有哪些尚未被满足的需求，对接可能的创新机会，最终实现品类价值与消费者价值。

打造核心产品力

明确有效的产品力是品牌底层竞争力。

以小罐茶为例，通过统一价格、统一形象、统一规格、统一等级等标准化的小罐来承载，最终确立了小罐茶这一独特的品类品牌。小罐是形，大师是神，形神合一，成就小罐茶最核心的产品竞争力。

同质化竞争下，有产品力、有差异化的产品无疑会赢得更多顾客的青睐。从战略咨询角度来看，好产品是强势品牌的核心，没有好产品，品牌这座大山极易崩塌。

"倒做"开发产品

其核心要义是：从用户的需求和场景出发，发现顾客存在的痛点（需求洞察），思考通过什么方式（产品或者服务）满足顾客需求，最后借助什么方式提高顾客购买信心。通过这种方式一步一步倒着往回推，推导至产品的设计、产品的开发、供应链的组织，以及应该拥有的核心能力。

这听上去不复杂，无非把"人"放在第一位去思考，而非"技术"或其他优势资源。

我们发现大部分企业开发产品还是"技术优势"优先，是内部"苦思冥想"式的开发方法。事实上，产品经理不只需要产品知识，更需要补充用户知识（消费场景、使用痛点等）。这点希望引起企业重视。

重视视觉呈现

设计是用户体验中的重要一环。一个品牌能否持续做强做大，取决于能否在各个顾客触点让顾客满意。在消费升级大背景下，顾客尤其是年轻顾客更重视颜值、服务体验等。品牌体验不只包括产品本身，还包括呈现方式、使用设计、服务设计等。

设计工作本身承担质感和美感，而情感的表达需要通过品牌持续传播品牌价值、价值观及品牌故事。

总结一下：无论在哪个行业，好产品始终是强势品牌的核心要素之一。但大部分企业并不清楚如何以更科学、更有效的方式做产品。这是比做品牌更严肃的话题。

品牌力就是企业的免疫力

市场不景气的困难时期，就是洗牌时刻。

在困难下求生存与发展，除了靠硬实力，根本还是企业在此前积攒的软实力——品牌，这是企业真正的免疫力。这个免疫力是品牌从诞生之日起就开始逐步建立的，不是一天两天就可以搞定收工的。

什么是品牌力

品牌力就是品牌能够影响消费决策的力度，它可以体现在产品力上，也可以体现在营销力上，甚至因为品牌的价值理念而显得威力无穷。有时候，品牌之间的价格差就是品牌力的体现；产品陈列渠道不同，也可以是品牌力的表现。

但总的来说，只有强势品牌才有品牌力，且品牌力不会凭空出现。

越是困难，品牌力的综合价值效应越会显现。

打造品牌是一件难而正确的事，是拉开竞争差距的最好方式。所谓长期主义，就是尊重时间与常识，这两者才是真正的炼金术。

打造品牌的两种途径

品类创新是打造第一品牌的绝佳路径和方法，但不是成为第一的唯一选择。

打造第一品牌至少有以下两个路径：

建立品牌偏好

企业可以通过打造品牌形象，强化用户对品牌形成偏好。超越生硬的贩卖功能与直白诉求购买理由，像"情人眼里出西施"这种直觉体验，其本质就是一种情感偏好与情绪价值。

比如：为什么很多年轻人选择百事可乐而不是更经典的可口可乐？因为偏好百事更年轻，代言人更阳光。为什么许多奢侈品广告一句文案也没有，但就可以瞬间击中你？因为品牌弥散出的气质与营造的形象，撩拨到我们的心弦。为什么我们能从电影、迪士尼乐园里收获满满感动与回忆？……

这既是品牌的力量，也是偏好带来的情绪价值。

创造新品类

企业可以通过改变购买决策和体验，以创造新品类的方式来打造品牌。

针对某个人群的某个痛点，有些品类在需求放大升级下会自然形成。例如相较于传统燃油车，新能源汽车凭借材料、工艺等迭代升级，以技术创新"自然而然"实现品类创新。有些品类则是通过不断强化心智而诞生，比如以前也有适合老人穿的鞋子，它是一个已有认知，但足力健把"老人鞋"重新提炼出来，强化升维了老人鞋品类，从而使得足力健成为老人鞋品类的代名词。

品牌成长的常见路径是打造爆品、创建品类，尤其对于新企业新品牌更是如此。但是，爆品的潜台词就是在短时间内导入大量的流量实现爆卖，它不是个循序渐进的过程，本质上与品牌的长期主义养成相违背。因此，爆品之后的打造品牌之路，更考验企业的内功修炼。

超级品类成就超级品牌

新品牌、新产品若直接去跟存量市场的老大去抢第一，无疑困难重重。

抢第一不如创造第一。

消费者的行为特征是"以品类思考，以品牌表达"。例如，消费者在购买饮料时，先考虑茶、纯净水、可乐等品类，而后选择某一品类中的心仪品牌。从品类切入，是打造品牌的关键路径。

那么，该如何理解"超级品类"呢？

超级品类是基于消费者对产品在品类中的认知度、喜好度、接受度，提炼出消费者需求，是源自消费者内心最核心、最敏感的第一利益需求。从企业角度来说，只有上升更高一个维度洞察消费者需求，才能找出企业想要的超级品类。

从品类本身来说，这个品类要具有一定的成长性，要有足够大的延展空间。例如现代派中国茶的小罐茶，小罐里可以装普洱茶品类，可以装龙井茶品类，还可以装大红袍茶品类，中国十大名茶都可以装进去。倘若找到的品类空间不够大，没有做成寡头的可能，那么，即使做成了这个品类的唯一或者第一，也成就不了"超级品类"。

超级品类的边界与定义

1. 存量市场足够大，能成为超级单品（比如3年做到10亿元销售额）。

2. 品类已存在，或者概念符合先天认知（比如老人鞋）。

3. 有后天创新度，可塑性强，可以横向做大或者纵向做深（比如东方彩妆）。

4. 占据品类后，能形成寡头效应（20%市场占有率）。

通过品类为产品重新定义市场范围重新定义竞争格局，这就是超级品类思维。其价值在于使企业重新取得市场主导权，并独享一方市场。

如何打造超级品类

成就超级品牌的关键路径之一，是打造一个超级品类。

超级品类的关键特征有以下几点：

1. 创造全新的增量市场。

2. 解决某个存在已久的问题。

3. 带来耳目一新的体验。

4. 引发生活方式的变革。

比如：东阳光冬虫夏草开创"鲜虫草"品类，创造出一个潜力巨大的新增市场，同时解决了很多人不会吃虫草的问题，直接趁新鲜嚼着吃开创了一种全新食用体验，使得很多年轻人也愿意尝试；花西子开创的"东方彩妆"品类，在红海的彩妆市场赢得一席之地；云南白药牙膏上市之初开创功能牙膏品类，从日化产品变成大健康产品，成功破局，最终成长为中国牙膏第一品牌。

发现品类机会，是企业竞争战略的关键一步。从营销部门开始，不能只是当作一个新生意，而是需要当作打造超级品牌的关键机会，值得企业投入更多资源去识别、抢占、打造成超级品类。创造或发现这样的品类机会，实乃荣耀之战。

打造超级品类有六个步骤：

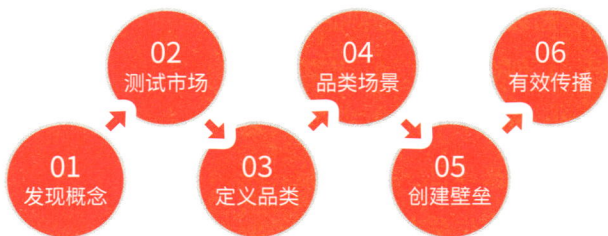

图 2-2 打造超级品类的六个步骤

第一步：发现概念

在已有市场或者消费者需求里去发现一个概念，也可以说是购买理由。就一个产品而言，消费需求从低到高分为显性需求、功能需求和品类需求三个层级。

显性需求，以产品功能特点对应的设计特点。

比如，小罐茶的"一罐就是一泡"等。

功能需求，以核心利益的认知尺度、相关的功能特点。比如，云南白药创口贴"有药好得更快些"等。

品类需求，以核心利益为特征的战略利益。比如，"怕上火"的凉茶等。

第二步：测试市场

有了概念之后，要测试市场。比如，E人E本早期测试市场概念时，就经历"总裁本→小黑本→手写本→商务本"的过程，最终才确定为"商务本"概念，并以"今天，把电脑放进小夹包"传递商务便携的特点，成为国内平板电脑市场超级品类。

第三步：定义品类

品类决定市场大小，同一个产品定义在不同品类，市场大小就会有天然的差别。一开始就选择做一个大的生意，所谓大就是大市场，就是大品类。比如：在为云南白药牙膏找到"口腔问题"这个大概念时，我们将白药牙膏定义为"功效牙膏"，从而放大了需求，放大了价值，同时市场也被放大了。某种意义上，定义品类就是增强或改变需求导向。

第四步：品类场景

一个新品类创造出来后，需要对典型用户、典型功能、典型场景、典型利益进行充分的解读与传播演绎，让消费者对号入座，建立强而有力的关联，其本质就是全新的购买理由。

比如，雷允上润喉糖将核心场景定义为"雾霾天"，提出了"秘制抗霾润喉糖"的产品定位。"一粒含化"，即可体验到咽喉爽滑舒展，呼吸清新顺畅，创造了一个全新的购买理由。

第五步：创建壁垒

成为第一，需要建立足够高的护城墙来防止同类产品的竞争及山寨品牌的恶性竞争。市面上"小罐茶"的抄袭品牌、山寨品牌、冒牌品牌多达上百个，但专利、商标等技术壁垒全在小罐茶手里，打假维权随时可以进行。

第六步：有效传播

通过局部试点迭代修正，最后推出大传播营销。从传播力、引导力、影响力、公信力构建全媒体时代有效传播的务实路径。

与其艰难抢夺存量市场，不如另辟一个新市场。开辟新市场，就是通过创新品类重新界定一个市场竞争范围，一出场便是主场，一出手便是领导者，这就是超级品类思维。

对今天的企业来说，如果缺乏超级品类思维，很难走得更远。

心智争夺战

在《定位》这本书中，作者对"定位"的定义是：如何让你在潜在客户的心智中与众不同。作为营销史上应用最广泛的方法论之一，定位强调企业找到差异化的心智机会，并不遗余力地去抢占这个心智。那么，究竟什么是客户的心智呢？

心智，简单说就是思维模式，是消费者的消费需求和心理习惯，是对品牌的认同模式。不论是品牌认同、产品认同、价值认同还是情感认同，只要能够在产生需求的时候让消费者第一时间想到并坚定不移地选择，就说明你已经占领了消费者心智。

人口、资源、环境等时代红利释放殆尽，平台、媒体、渠道等营销红利已然过去，所有品牌终将面临的还是存量市场的竞争，品牌的发展正式进入价值与价值观的争夺，即认同感争夺，从这个意义上讲，必然是心智的争夺。

品牌主张

　　品牌主张是一种价值承诺，是品牌塑造过程中的重要一环。品牌必须有明确的主张，才能有机会影响消费者决策。品牌＝价值＋价值观，由此品牌有两类主张，一类是价值主张，一类是价值观主张。

　　价值主张也可以叫功能主张，基于产品，传递功能诉求。

　　企业将产品属性用口号清晰表达出来，传递给消费者。OPPO手机的经典广告语"充电五分钟，通话两小时"，诞生的背景是其第一代闪充技术的创新。尽管现在各大厂家都有自己的闪充技术，但在当年电池越来越大的环境下，快速充电就是一个非常迫切的消费需求。仅凭这一快充功能，OPPO快速增长。

　　价值观主张也可以叫情感主张。

　　在产品功能没有明显差异的情况下，价值观主张或可成为制胜法宝。它是以某种观点和情感偏好为基础，以共鸣和差异性的特点寻求消费者共识。比如，我们为清控紫荆教育提出的"让每个人都有改变的可能"这句价值观主张，一经发布，就同时得到了 B 端与 C 端的认可，让品牌重塑有了灵魂。

价值主张更直接，讲究一看就懂；价值观主张更感性，追求普世认同。

战略到底是什么

在一项针对"什么是战略"的调研中，认同度排名前五位的概念定义从高到低分别是：

1. 战略是一种长期目标和企业目的，以及实现二者所需要整合的资源和采取的行动。

2. 战略是通过取舍设计出一系列产生可持续竞争优势的活动的整合。

3. 战略是使公司在行业中占有独特定位，创造持续优势和卓越价值的一套整合选择。

4. 战略是为公司创造竞争优势，为客户、股东创造价值的一系列行动举措。

5. 战略是引导并推动一家企业获得成功的一体化选择。

在整个调研中，16个备选项没有一个取得超过20%的认同度。

一方面"战略"这个概念本身有复杂、模糊和多变的特点；另一方面间接证明了市场对于"什么是战略"缺乏真正统一的认知。

我认为，战略就是基于目标、路径、方法的一整套经营活动的组合。

战略能力与战略定力

战略管理大师钱德勒认为：战略决定组织，组织追随战略。在战略落地过程中，必须建立组织目标体系，即明确具体的业绩目标，组织的绩效就是结果问题。没有结果，一切是 0。

战略扩张派

比如，苏泊尔靠品类战略，历时 19 年，从销售额 10 亿到 100 亿元；再靠品牌赋能，仅用 5 年从 100 亿跃升至 200 亿元。

战略坚定派

比如，卡萨帝锁定高端，高端市场的核心竞争力是品牌和渠道，其背后的本质是产品，通过全新产品线，用时 15 年突破销售额 100 亿元。

战略摇摆派

比如，九阳豆浆机华丽起步，但两年换一次战略，横盘 10 多年无缘百亿销售额；2020 年以品牌年轻化及产品、渠道跨界突破，始破 100 亿元。

由此可见，有没有结果、有没有大结果不仅是战略能力，还是战略定力。

如何找到战略机会点

      战略洞察的关键是发现并找到战略机会点。其前提是做充分的市场研究与论证。智旗总结的四维战略分析模型，针对"市场端、竞争端、消费者端及企业端"四个维度综合分析，梳理出核心洞察，识别并找到战略机会点。口诀如下：

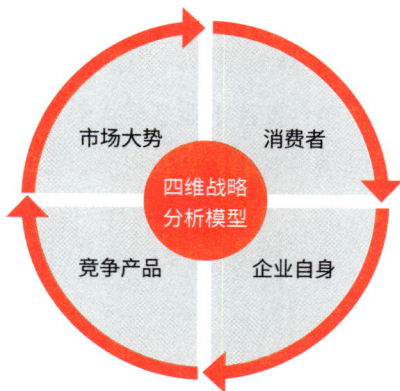

图 2-3 四维战略分析模型

市场趋势找机会点，

竞争品牌找差异点，

消费人群找需求点，

企业自身找支撑点。

1. 从市场基本面与大趋势里，洞察可能面临的战略性机会。

2. 系统分析各竞争品牌或利益相关品牌，从中找到品牌间可能存在的差异化竞争机会。

3. 定义目标人群与场景，找到人群中已经存在的或尚未被满足的需求机会。

4. 客观审视企业自身基础与基因，找出资源禀赋与优劣势，找到实施战略的支撑点。

一句话总结：发挥企业基因优势，在市场趋势里找到满足消费需求的差异化机会，可能就是企业的战略机会点。

品牌营销是一把手工程

品牌很多时候是玄学。

严格来说，品牌营销是一门软科学，其过程虽可控，但结果却难以量化，这就需要从界定需求开始直至交付成果，花大量时间进行沟通、讲解、培训和分歧管控。

品牌营销必须是一把手工程。

通常一把手会更敏锐地意识到品牌的重要性，但往往缺乏推动品牌变革的抓手。实施品牌营销，一定会导致企业各个层面的取舍调整，涉及多方利益，一把手的意志定力、自上而下推动的魄力是成败的关键。

1.品牌是一把手工程,意味着一把手要率先垂范,身处一线，亲临决策现场。

2. 一把手的"营销基因"决定品牌基石，首先要清晰定义核心能力是什么。这决定了品牌底层基石。

3. 一把手的"时间观"决定品牌走势，无论长线投资还是短线爆破，好战略不需要等太久，但要切实有大投入与足够耐心。

4. 一把手的"决策力"决定品牌生死，正所谓"虽有智慧，不如乘势；虽有镃基，不如待时"。

结构化思维

战略、品牌、营销是复杂性科学，是多学科综合体，或者可以说是一门社会科学。

务实的调研、缜密的逻辑与结构化思维，是做好品牌营销战略的重要前提条件。

结构化思维是一种分层次、系统化看问题、看人事物的思维能力，就是从全盘高度将复杂问题或任务分解并逐一解决。其反面就是点状思维、线性思维，从实战来看经常出现三类状况："就事论事"式的不作为，保守心态下的"刻舟求剑"，貌似逻辑正确的"单向裸奔"。

结构化思考能力是应对复杂性品牌营销战略问题的基本能力。即要从终局的、未来的高度来分析当前的问题或者寻找隐性问题，从上下左右立体维度，以及天时、地利、人和及知己知彼等角度，聚焦核心问题并将其拆解，达到可描述、具体化、有结构的全景式呈现，用上帝视角大胆设想、小心求证。

如果是针对一项具体而明确的任务，就是站在全局高度负总责、抓关键，寻找问题点，发现机会点，最终找到决胜点。

战略落地的关键

战略落地的关键动作涵盖产品、定价、渠道、传播四个层面，就是经典营销 4P。

很多企业总以为，产品、定价、渠道是"死"的、同质化的，好像没有什么创新空间，最能够发挥创新、创意的地方主要在传播层面，比如靠一句广告语、砸钱投广告。实际上，这是一个大误区。

企业最大的创新创意，首先应该是产品或服务。**开发产品才是大创意。**

产品包装设计则是这个大创意的最后一步。现在企业界的做法，往往是相反的，认为产品创意就是包装创意，花大力气去设计包装，忽略了产品是如何产生的，把精力全花在做嫁衣上了。从一张白纸开始，从一个需求原点开始，好产品是被策划出来的。而生产线上下来的，都是"半成品"。

比如，智旗为东阳光鲜虫草开发了年轻化随身装的鲜虫草系列产品，锁定"即食"这个需求点，从产品形态、产品规格、使用场景、社交体验等多维度，协助品牌打造了一款爆品，当然，最后的包装设计也十分重要。品牌跟顾客接触的要么是产品，要么是内容（文字、画面、声音、视频或者传说），因此，最后的创意是否能够有效传达战略与策略同样十分关键。

好战略一定是大创意，一定好落地，追求"叫好又叫座"，不能扛着卖货的幌子以丑为美，挑战大众审美。

战略落地的三个段位

战略落地前，要达成三个共识：

全局共识：在董事会达成高度的共识。

经营共识：在经营高管层达成有效的共识。

认知共识：在核心干部、基层骨干员工中达成普遍的共识。

战略落地后会有三个阶段：

第一阶段：听话照做

所有经营动作朝着同一个方向，保证各环节整齐划一，简单来说就是全员听话照做，不要随意发挥，特别是战略实施第一年。

第二阶段：打通拉平

不同部门的经营动作打通拉平，相对独立但形成一个整体，开始发挥协同作用；核心部门与人员要有大局观、全局观。

第三阶段：提效升值

所有经营砍掉多余动作，做到简洁高效，每个投入最优化，从而实现整体经营效益最大化。高效协同，整体升值，这是最终目标。

企业要有两本手册

一是战略手册，明确公司发展目标、路径、方法，是指导性纲领文件。

二是SOP手册，明确各业务标准作业程序，对关键细节做到细化和量化，通过控制过程实现好的成果。（SOP是standard operating procedure三个单词的缩写，即标准作业程序。它是企业不可或缺的管理工具，有助于提升工作效率。）

战略是纲，SOP是目，纲举目张，经营之本。

六环心智模型

一般来说，消费者在决定是否选择一个产品时，会经过认知、需求、信任、差异、价值、偏好六个环节的思考过程。在这六个环节的综合作用之下，消费者最终做出购买决策。

图2-4 六环心智模型

认知

认知就是对品牌及产品的了解程度。人们决定购买某一类产品时，会想起该类产品的一系列品

牌，哪个品牌更好？它们叫什么名字？有什么优
势？……

需求

需求来自问题或者说困扰，主要考量需要程
度——是一定要买的刚需，还是可买可不买的软需
求？只有消费者产生需求时，才会购买某一类产品。

信任

信任一般来自三方面：一是品牌自身的影响力，
包括知名度、美誉度、行业地位等；二是其他消费
者的口碑推荐，可能来自熟人推荐，也可能是 KOL
推荐；三是品牌背书，比如专利认证或行业认证，
以及明星代言等。

差异

需求决定的是现在买不买的问题，差异解决的
是买哪个的问题。可以是产品设计上的差异化，可
以是产品功能上，也可以是包装上，还可以是品牌
定位上的差异化，企业要给消费者一个选择产品的
理由。

价值

价值决定价格，价格体现价值。消费者会根据自己对产品的需求程度，产品的功能、材质、技术、包装，以及拥有这个产品的心理满足程度，来衡量品牌的价值。一般情况下，消费者只会购买他们认为物超所值的东西。

偏好

偏好是指消费者对商品的喜好程度，比如喜欢品牌的形象，喜欢产品的某个功能，喜欢品牌的代言人等。它可以是客观的，也可以是基于心理感受的主观判断。现实中，消费者通常基于偏好做出带有主观性的价值判断。

要想让消费者买你的产品，你的产品就得经得起消费者在这六个环节的一一考量。缺失任何一环，消费者的心理链条都会断裂，很难花钱消费。

什么是文化战略

品牌进化的终点必然是一个文化符号，独占一个文化源点。

品牌挖掘并嫁接社会与历史变迁所产生的文化意识形态，为产品或服务赋予超越功能与体验的文化价值，并获得特定人群的共鸣与推崇，成为一种泛文化与社会现象。这就是《文化战略》这本书中所定义的文化品牌。

每个时代的文化意识形态都不一样，特别是亚文化。品牌若能打破传统，为当下消费者提供一种全新的生活主张、审美情趣、身份认同甚至价值观，像"另一半"一样成为消费者的精神支柱、一种习惯性的行为方式，比如咖啡选择星巴克、牛仔裤选李维斯，这样的心智占位是品牌竞争的重要壁垒。

回到操作层面，简单来说，文化战略就是将品牌同外部文化建立关联，达到建立品牌价值、建立品牌偏好、推广宣传品牌等目的。比如：宫廷文化、电子音乐这类亚文化，茶道这类圈子文化，国潮文化这类流行文化等。消费者喜欢李维斯牛仔裤，除了认同它的"品质、耐用"，更认同它背后的牛仔精神、牛仔文化。

产品或者服务价格越高，越需要创造额外价值。额外价值从哪里来？

近些年的中国品牌纷纷瞄准了一个方向：精神文化。比如一支雕花口红、一件 T 恤打上"中国李宁"，不只强调产品品质，更映射出品牌购买者钟爱的生活方式、社会地位或者某种价值观等。比如，率先开创东方彩妆的花西子，开创现代派中国茶、打造商务待客场景的小罐茶。

新品牌需要特别重视文化战略。

可以说，谁率先借助文化营销，谁将抢占红利先机。产品层面的创新特别是技术创新越来越难、同质化产品越来越多，文化创新机会则越来越大。

突破过去一味强调产品功能创新的模式，转向借助
文化战略重塑品牌营销，借助消费者可能关注的文
化因子、社会现象放大品牌，非常值得期待，想象
力巨大。

　　注：《文化战略》由道格拉斯·霍尔特和道格拉斯·卡
梅隆所著。

从……到……

小罐茶：从农产品到高端消费品。

花西子：从面部彩妆到东方文创。

哈尔斯：从代工制造到消费品品牌。

"从……到……"，智旗称之为战略视角与路径的改变。

简言之：找到这个转变路径，即战略定位。一举奠定胜利基础，定心，定江山。

搭积木与放卫星

新品牌崛起有两种方式：

一是体系化构建，像搭积木。费时间，费钱财，也费脑子，但好处是有章可循，有法可依，能复盘或重来，可称之为养成式品牌。

二是爆发式突破，像放卫星。要胆子大、超常规、超预期，能快速上量起规模，缺点是容易脱轨、难以复制，可称之为快闪式品牌。

新品牌在顶层设计上，"精于算计"无可厚非。从目标人群的人性出发，开发产品，设计定价，做精准运营。但成也"精准"败也"精准"，如果爆款过后，没有下一个爆款了，该怎么办？通常，基本款的销量与寿命更代表品牌。

此外，新消费品牌大多会讲一个初心故事。比如，让普通人都喝上又好又便宜的咖啡。这算是很有品牌理念及基业长青意识了，但糟糕的是往往不能自圆其说。便宜却没那么好；或者定价高，品质却跟不上。

从产品开始，到品类，到品牌，到产业，乃至生态链，从前往后做（如小罐茶、花西子）还是从后往前做（如东阳光），都有品牌成功案例。搭积木与放卫星穿插其中，大致相当于守正出奇，但做品牌的关键在于谁能通盘思考，谁就更能长命百年。

定价定的是什么

传统牙膏几元钱，云南白药牙膏可以定到 22 元以上；不锈钢保温杯正常 100 多元，而水宜生健康水杯可以卖到 498 元以上；传统茶叶有品类、无品牌，而小罐茶统一定价 1000 元。为什么这些产品的定价比同行高出许多，销售反而更好呢？

定价的意义是什么？仅仅是成本与利润吗？

定价的背后不是简单的数字，而是定位。

首先，价格决定了买家的支付成本，客单价 20 元和客单价 200 元的目标受众是完全不同的。

其次，定价还决定了产品处在哪个竞争领域，要和哪些竞争对手正面遭遇。

最后，不同的定价也决定了不同的产品资源配置。高价位的产品和低价位的产品，需要配称的性能、材质、团队、服务、营销资源是完全不同的。

定价锁定了目标人群，决定了产品战略。如果没有合理的定价，就无法形成一个良性的盈利闭环。没有盈利闭环，也就谈不上什么品牌建设和商业模式。

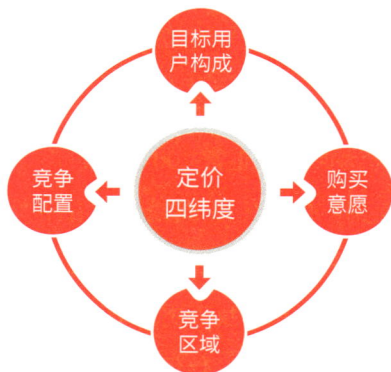

图2-5 定价四维度

不同的价格意味着不同的收入和利润，也就决定了投资人、供应商、代理商等不同的利益分配方式。目标用户构成、购买意愿、竞争区域、竞争配置，都被定价深深地影响。

说到底，定价定的是战略，定的是生命力。

场景争夺战

我们在谈增长时，还能谈些什么？

我的观点是从纵向的人群思维切换到横向的场景思维。

以前是增量人群拉新，从一线、二线直到小镇青年；未来是创造增量场景，城市独居、三孩家庭、内卷与躺平等，横向寻找品牌的场景增量。

场景思维分为两种：

一种是提供具象的消费场景，缩短消费决策。短视频和直播起到了重大作用。比如，连咖啡用预包装产品提供咖啡馆级的体验。

另一种是创造增量的消费场景，避开存量竞争，为匹配用户新需求，创造更多的增量消费场景。比如，鸡尾酒品牌创造独居独酌场景，果酒品牌创造约会场景等，本质是提供更多的消费可能。

消费者忠诚度

研究表明：一个满意的顾客会引发 8 笔潜在的生意；一个不满意的顾客会影响 25 个人的购买意愿。

忠诚的客户数量是决定品牌高质量发展的重要指标。

品质与定价

产品质量是品牌开展优质服务、提高客户忠诚度的基础。产品品质高，才能真正在人们的心目中树立起"金字招牌"。相应地，合理地制定产品定价也是提高客户忠诚度的重要手段。以云南白药牙膏为例，对于迫切希望解决经常性牙龈出血、口腔溃疡、牙龈肿痛等问题的人群来说，他们更关注牙膏能否真正解决问题，而不仅仅是价格。

超越期待

不要拘泥于基本和可预见的水平，要向客户提供渴望的甚至意外惊喜的服务。寻找常规以外的机会，顾客才会注意到你的高标准产品与服务。例如，小米首款新能源汽车 SU7 以其独特的、超越用户期待的性能与体验，上市即成一款颠覆性产品。

个性化需求

品牌需要抓住基本盘，但必须改变"大众营销"的思路，消费者的个性化需求蕴藏着品类升级、创新场景的营销机会。例如，足力健老人鞋正是从满足老年人防滑的需求，从而获得爆发式增长的。

提升消费者忠诚度，品质与价格是核心，超出消费者期待的体验，再加上品牌的产品创新，满足消费者多样化需求，这样一套组合拳打下来，才是正解。

蒲公英落地模型

只要一阵风，蒲公英就会放飞种子，借势落地，营造一片属于自己的灿烂。

蒲公英落地模型是智旗指导企业实施战略配称落地的工具，全方位协助战略落地，降低走弯路成本。就是说，它不仅为企业指明战略方向，还能以终为

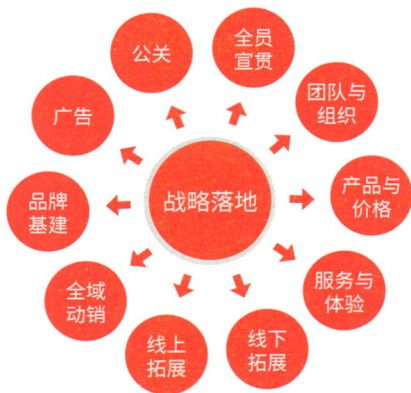

图2-6 蒲公英落地模型

始护航企业各项运营配称落地，真正以企业的经营成果为服务导向。

企业的经营环境日趋复杂多变，战略执行和战略制定同样重要。战略制定得再完美，若执行不到位，企业也会面临随时崩塌的局面。

阿里巴巴"总参谋长"曾鸣说，"做企业要眼高手低"。"眼高"，就是高瞻远瞩、看到未来，心中有一张第一品牌战略地图；"手低"，就是动手的时候一定要脚踏实地、实事求是，能够把战略落到实处，手中有一个蒲公英落地模型。"眼高手低"可以形象地概括出战略制定和落地执行的关系，不能落实到运营层面的战略注定无效。

如何跨越从战略到实施的鸿沟

战略配称是创造竞争优势最核心的因素。在品牌的竞争战略清晰之后，企业需要拟定和贯彻一系列对应的运营动作，通过运营配称让顾客感受并体验到，最终形成口碑，再通过口碑强化潜在顾客对品牌的认知，从而在顾客心智中建立品牌，让品牌成为他们的优先选择。

蒲公英落地模型包含 10 个层面的战略落地配称

资源是有限的，诱惑是无限的。为了避免资源的过度浪费，我们需要明确核心战略的切入口，通常包括 10 个层面：全员宣贯、团队与组织、产品与价格、服务与体验、线下拓展、线上拓展、全域动销、品牌基建、广告、公关。通过系统性重新规划识别关键配称，围绕核心目的与核心经营目标逐一组织实施，通过一场又一场的战役与战斗，最终在 C 端形成竞争能力，实现品牌价值。

品牌的从前与现在

存量竞争变成价格战，增量场景被证伪，流量思维被过分倚重，白牌挑战品牌，品牌急于变现……今天，到底该怎么做品牌？

中心思想 vs 内容分发

现在是无内容不营销，内容种草固然重要，但品牌种树岂不更妙？依靠噱头和话题带来的流量可能会反噬品牌自身，因此，品牌的中心思想显得更为重要，不能轻易为了"内容"制造而改变。内容分发就是"诠释"中心思想，不是八仙过海。

集权化 vs 碎片化

一条广告片、一句广告语打天下，其实在当年也是极其困难的。集权化的媒体投放，必然是集权化的渠道承接，本质都是到达率、覆盖率，今天的品牌可能无法理解其中的系统化组织难度，这与效果密切相关。今天，人群可以被数字化定义、追踪、流转，但呈现碎片化、分散性等特点，所以精准识别、诱导、打动显得更为重要。人以群分的碎片化，因为有了核心定位而事实上变得聚焦起来，其本质还是为了集权化——心智上的大一统。

黄金大单品 vs 超级品类

一个黄金大单品配上一条商业电视广告、一句宣传口号曾经是标配，后来演变为"一个单品＋一个好定价＋一个红利渠道"的爆品模式。今天，我们发现：中国品牌成长的常见路径往往都是从爆品开始，从爆品到品类再到品牌，历经三次跨越，成为超级品类品牌。其深层次的原因在于绝大多数单一爆品有天然的市场容量天花板，且无法满足增量消费人群的需求与体验。只有成为品类代名词或创新品类，才有可能突破消费人群、市场容量等天花板限制，并改变消费者的购买决策与体验，成为持续领先的品牌。

我们越来越清晰感受到的两个事实：一是当不会打仗时，一定是企业在品牌层面出问题了。二是鲜有企业能够实现并延续真正的品牌影响力。

　　品牌是个系统的工程，企业如果只关注一两个要素，仍然会举步维艰。长期主义、中心思想、价值理念等底层逻辑让品牌变得更有意义，以此为基础构建品牌才会更加有效。

如何讲好品牌故事

　　故事是人类发展的需要，也是品牌发展、提升知名度和影响力的关键。塑造一个引人入胜的品牌故事，制造"代入感"是必不可少的。

　　充满危机感的故事往往最能抓住人心。在故事创作中，有一个非常重要的理论叫作"英雄之旅"。其基本构成是：一个普通人意外受到冒险感召，历经重重磨难和挑战，最后迎来蜕变，凯旋并成为英雄。为什么"探案""寻宝""盗墓"类的故事都非常流行？为什么很多创始人有类似"为子女研发""打破歧视""孤勇坚持××年"的故事流行？正因为它们成功地抓住了"人需要惊喜"的心理特点，反转和意外总是能让人感同身受。

　　因此，不论是创始人情怀故事、发家故事还是产品研发故事，"动态描写"可以让故事更曲折、更生动，使消费者印象深刻。企业把这些故事讲好，可以赋予品牌精神内涵，当然，品牌的持续发展还需要故事的长期良性运营。

有冲突的故事能潜移默化地与消费者建立情感连接。每一个好品牌故事都有一个公式：好的品牌故事＝受众×冲突×解决方案×美好联想。

第一，故事讲述的目标受众一定要对。鸡同鸭讲，不管你的故事多有趣、多吸引人，也是难以达到预期效果的。

第二，要有冲突感。平淡无奇的故事很难吸引消费者注意，如何给矛盾冲突埋下伏笔，如何彰显张力，如何实现冲突的爆发，都是故事需要体现的。

第三，好故事要能对某一个社会问题提出解决方案。

第四，能让人产生美好的联想。例如哈尔斯的使命"让爱更有温度"，清晰传达出品牌的真诚与态度，会让人心里暖暖的。

品牌故事并非一成不变，企业在不同的发展阶段要为故事注入新鲜的血液，但是所传达的品牌精神与核心价值必须一以贯之。

新品牌如何走得更远

　　无论传统品牌还是新品牌，其长盛不衰的核心都是有没有提供新的客户价值。从客户价值到社会价值，这是所有领导品牌、百年品牌最终要走的路。

　　如何才能让新品牌走得更远？

　　首先必须从顶层开始，明确企业战略定位；其次必须体系化打造品牌，而不是简单靠爆品。品牌竞争不仅只是产品、渠道层面的竞争，成体系的营销系统是品牌能否走远的关键。

　　第一品牌有四个决胜点：

　　1. 可被定义的用户。

　　2. 洗脑般的核心价值。

　　3. 有使命感的产品。

　　4. 正向积累的营销活动。

　　只有在这四个方面建立系统能力，才有可能打造强势品牌。这是品牌生命周期管理的核心要素，是品牌长命百岁的核心秘密。

突破困境

企业发展遭遇瓶颈，市场增长迟缓，企业家们常见处理方式有三种：

第一类是开发新品，传达新概念给消费者，挖掘新品类客户。

第二类是深耕品牌，提升品牌力，从而挑战更大的市场竞争。

第三类是用"跨界"来改变现状。

营销跨界屡见不鲜，大多是治标不治本的短期传播策略，而品类跨界、品牌跨界甚至行业跨界有时却有奇效，能真正突破企业发展的瓶颈。

比如米其林轮胎业务发展遭遇瓶颈，却因一本"小红书"成功做到行业跨界，从轮胎行业跨界到餐饮行业，成为行业头部品牌；国内企业则有云南白药，从药品跨界到日化，以一支牙膏改变了牙膏市场格局，打败外资品牌，成为中国第一品牌；对杜国楹团队来说，则是连续跨界创业，从背背佳到 E 人 E 本，接着到 8848 手机，再到小罐茶，行业完全不同，但都是基于特定人群。

许多看似不可能的背后往往都有机会点，而这些机会点可能会成为品牌突破传统思维，成功扭转困境的关键。

创新就是无所住而生其心

　　什么叫无所住？就是我们不要被自己的感受所限制，不要被现实的各种条件所束缚，抛开一切成见，蔑视一切权威，摆脱一切枷锁，打破一切框框，从而获得彻底的思考，心生超越逻辑的念头，也便是彻底的自由。

　　不被自己困扰，不被行业与竞品困扰，不被逻辑困扰，创新才有可能。

打败巨人的往往是孩子

领导者高高在上，占据行业领先地位；挑战者迎难而上，从老二到一文不名，屡败屡战。几乎每10年都会有一场大烈度的挑战者与领导者的正面较量。

结局无非三种：干掉对手，取而代之；打成平手，成为双寡头；败走麦城。

除去蛮干，真正在战略与战术上组合得当，挑战者品牌都是某一层面的现实赢家。

今天，在众多行业，这样的机会与故事正在上演。

第三章
———
优术

时代不断向前，环境时刻变化。无论企业还是个体，都必须不断提升真实解决问题的能力，持续优化和迭代，以适应不进则退的竞争。术是知识、方法、策略和经验的集合体，是智慧转化为实战的方法。

巧妙的战术可以逆转局势，甚至能改变战略方向。战术打法直接影响战略目标的实现。它需要常变常新，需要日日不断，持续打磨。

打造第一的三个机会

打造第一有三个机会：心智机会、市场机会和品类机会。三个机会就是三个营销路径。

心智机会

机会在市场中存在，但心智中不存在。比如经常提到的"有品类，无品牌"，典型案例有老人鞋、东方彩妆等。它并不创造全新品类，只是发现了消费者心智当中的空白并迅速抢占。寻找心智机会需要做自己擅长的或者别人不愿意做的。

市场机会

在良性市场竞争中，领导者很难因为对立面的攻击做出有效回击，因为这会削弱它自己强势的一面；另一方面，挑战者总能找到一个市场"空隙"杀进去。比如，当红牛主打小罐、昂贵、极限运动时，东鹏特饮找到了大瓶、便宜、蓝领群体的市场机会。

同样是功能饮料，MTVup 魔体维则找到了夜店与音乐的场景机会。

品类机会

从材料升级、功能开发、包装设计、经营理念、使用体验、情绪价值等角度开创全新品类创造第一，品类的机会无处不在。品类的机会往往来自调研，包括市场调研、消费者调研、企业调研、竞品调研等，而品类机会的大小则取决于潜在市场规模的大小，以及新产品差异化的程度。例如，云南白药牙膏开创"功能牙膏"，Babycare 以设计和经营理念取胜等。

第一品牌"护城河"

所谓护城河，就是竞争壁垒，是企业在市场上保持竞争优势和阻止竞争对手进入的关键举措。

一件事如果 99% 的人都可以做，那你做的价值就很低。同样，想要成为第一品牌，就要建立足够宽广的护城河，以防止同行及山寨品牌的恶性竞争。

小罐茶在专利包装和知识产权上做了第一道防护；第二道防护就是通过八位大师背书去构建一个核心认知上的价值差异壁垒，让其他品牌很难在大师这个维度上去超越小罐茶；第三道防护是在一线商圈开设了小罐茶品牌店铺，由此进一步奠定了高端茶的品牌定位。

竞争壁垒的构建基础通常源于企业自身的禀赋，例如通过技术创新研发，拥有专利和知识产权，掌握核心技术，或建立强大的品牌形象和认知度，又或是通过渠道的布局建立高效的销售和分销渠道等等。通过竞争壁垒之间的多重组合，企业可以形成更强大的竞争优势，并在市场上保持领先地位。

每个品牌都有机会成为第一，但不是每个第一都能成为第一品牌。第一品牌至少需要一个清晰的竞争优势，例如格力的掌握核心科技、蜜雪冰城的制霸供应链等。

品牌成长的三大结构

品牌增长有 100 种方式，但品牌持续成长或者说判断一个品牌有没有长期价值，究竟是网红还是长红，主要看它的三大结构：**产品结构 + 人群结构 + 渠道结构。**

企业的产品结构代表了企业的战略方向。升华一下，产品路线就是战略路线。

特别是创业早期，应该把重点放在产品与定价上，实则上"战略"的齿轮已经转动。

从人群结构，能看到增长潜力。

渠道结构的背后实则是利润率。

所以，看到爆款，看到网红，不妨剥开表象，从三大结构去深思一下。

品效广告配比

广告研究机构 IPA 对 80 个品类、736 个品牌进行了 10 年以上的追踪。调研显示，品效平衡的最佳比例是品牌广告占 60%，效果广告占 40%。

从实战经验来看——

1. 任何品效协同的科学度量方法都不及长线战略思维，即把广告当作长期投资。

2. 重大营销节点更适合品牌广告。

3. 效果广告应坚持常态化投放；在投放品牌广告期间，可适当追投。

4. 没有最好的组合，只有适合的组合。

5. 不是所有企业、所有发展阶段都适合品效合一。两个时机会更好：一是渠道结构合理，高渗透率时；二是需要调整人群结构，如存量见顶、增量拉新时。

不要强行高端

量大利小利不小，量小利大利不大。

通过营销手段强行定位"高端"的品牌，要注意回归国民化、平民化，是顺势而为，不要对抗时代。特别是衣、食、住、行这些国计民生行业。高端是不会消亡的，只是很多品牌不要强行高端。

给品牌起名字

"品牌六要素"之首就是品牌名字。

取一个好听、好记、好传播的名字，是创业与营销的第一步，甚至有可能是最重要一步。

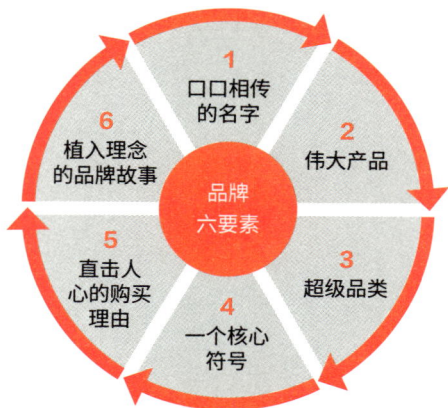

图 3-1 品牌六要素

　　从首富钟睒睒的"龟鳖丸""清嘴""尖叫""成
长快乐""农夫山泉"到段永平的"小霸王""步
步高""小天才"，再到史玉柱的"巨人汉卡""脑
白金""黄金搭档""征途"，最后到杜国楹的"背
背佳""好记星""8848""E人E本""小罐茶"，
品牌命名的重要性已经被中国现象级的企业家与品
牌所印证。

　　取名虽属小技，但背后考验的实则是大功力。

品类创新的方向

品类创新大致有两类走向：

第一类是技术洞见：发明出新材料、新技术、新工艺等。

第二类是市场洞见：找到新问题、新渠道、新场景等。

目前，大多数新品牌主要靠市场洞见起家，就是市场上有，心智里无，本质上是"机会主义"。

品牌理念

　　成为第一品牌，必须有一个核心品牌理念。

　　理念创造价值、创造行业，也带来真正的品牌溢价，这是最顶层的设计。创造一个好的品牌理念，不比打造一款有形的产品更容易。

　　其步骤是：价值创造——价值量化——价值传递。

　　其终极目标是：品牌利润与价值最大化。

　　定价其实就是定位，定位才能定心。

　　因此，别轻易定高价，别轻易降价。

MAIL 法则

既叫好又叫座的大健康品牌传播，一定会遵循 MAIL 法则。

图 3-2 MAIL 法则

M 代表媒体（media）；A 代表学术（academic）；I 代表机构（institution）；L 代表领袖（leader）。

　　四个维度构建品牌、品类的核心认知与壁垒，提前埋下营销爆点。

　　媒体：权威媒体加码，引爆社会认知。

　　学术：权威学术人物加持，构建专业认知。

　　机构：权威机构加入，构建专业背书。

　　领袖：意见领袖种草，引爆趋势流行。

　　四个维度突出放大其中一个点，加大力度聚焦投入，这将是品牌的大事件、大策划、大创意。

短期与长期

如何短期成功？

答：至少解决市场中的一个核心问题。

如何长期成功？

答：客户能够得到与众不同的价值，且有令人印象深刻的品牌形象。

品牌战略就是企业战略，最大限度地合理利用现有的品牌资产，在此基础上制定高效的品牌战略与落地配称，以品牌战略驱动整合企业所有的经营活动与价值创新，进而推进品牌资产增值，实现企业战略价值。**这是长期成功的前提与基石。**

品牌战略核心在于配称，即要求企业在资源、管理、营销、技术、人力资源、广告、产品等所有方面都要服务于品牌，从每一个经营动作开始，从上往下，逐步提升企业的品牌竞争力来推动企业的发展。比如，无论是效果广告还是品牌广告，基于品牌战略的广告才是有效的广告。有了评判标准，对消费者则能体现出品牌的核心价值，促进购买。**这是短期成功的方法与保证。**

注意这两个词

年轻化

并非把产品或服务卖给 95 后 00 后就叫年轻化，并非设计新颖、有颜值就是年轻化。年轻化是一种中长期策略，是从用户洞察开始，到品类定义、价值理念，再到产品设计、内容创意、渠道模式等一连贯的策略与战术组合。

年轻化也是指领导者与创业者别老气横秋，把过去成功的经验套用在当下，拿着旧地图找不到新大陆，得起用年轻人，得换新思路。

江山代有才人出，这才是年轻化。

去专业化

很多人做品牌做企业，做着做着就陷进去，方式、方法特别自我，特别"专业"。

比如开发产品，功能一定得十项全能，好像面面俱到，实则忽略了用户的真实需求。某些消费电子产品做得特别专业化，用户反而望而生畏。比如电视机所谓的智能化，至少两个遥控器，开机即等待，步骤连年轻人都觉得麻烦，也难怪开机率越来越低。方便、轻松、简单一点的表达，用一个点打动客户可能更有效率，更有体验，也更容易获得更大的市场。

虚拟代言人

所谓虚拟代言人，是根据产品的价值、品牌的价值观去全新创作一个代言人形象，进而通过运营这个形象来传达品牌形象与价值。

虚拟代言人并不是什么新鲜事。从很早之前的大白兔、海尔兄弟、KFC 山德士上校，到近几年各大品牌使用 AI 技术更新或创造的虚拟形象，其目的都是作为品牌代言人使用。

这不仅是因为再优秀的明星代言人也无法完全满足品牌的功能特性、品位与价值观，而且虚拟代言人还有着不可比拟的优势。

更可控

和真人偶像代言不同，虚拟代言人没有不可控的绯闻、丑闻等负面消息，形象不会"翻车""塌房"，安全系数显然更高。

更好玩

可以在创意中体现品牌产品的某些独特特性，比如医药广告无法用明星代言，而虚拟形象则不受限制，更大程度上落地创意，让人一看就懂。

更经济

明星代言费需要一次性投入巨资，而虚拟代言人则可以分步骤去投入、去开发，逐渐养成。

越来越多的品牌开始尝试打造属于自己的虚拟代言人，以期在 AI 技术营销中脱颖而出，不落后于时代。

卖得贵是一种本事

　　某一季的吐槽大会上，许知远吐槽带货主播："直播间里的商品如此丰沛，价格如此低廉，顿时让我对主播的能力产生了深深的怀疑，这种价廉的东西卖得好算什么本事？有本事，卖我的拖鞋，298元一双，全网最高价！"

　　这是文化人对主播文化的质疑，也是对潮流商业的审视。直播电商崛起，白牌火爆，"性价比""全网最低价"等无处不在。回归商业经营的本质，我们旗帜鲜明地反对"性价比"，品牌应该追求货真价实，创造合理溢价。

　　卖得贵是一种本事。

　　1. 价格战处处皆是。没有足够利润支撑企业研发与创新，只能出现平庸产品，平庸产品要活下来，就会祭出"性价比"大旗，号称让用户省钱，其实就是毒剂，由此恶循环开始。

2. 不重视营销。好产品没有好定位、好营销，高定价会死，低定价更会死，下场都不好。

3. 简单的结论是：好产品不要怕高定价，好产品更需要好营销；追求品质溢价，天经地义！

放眼中国 TOP100 品牌，40% 是超高价定位，24% 是高价定位。在失败品牌中，高价和超高价只占 5% 和 9%。从数字上看，高定价品牌比普通品牌生命力更强，比如小罐茶、东阳光鲜虫草、花西子、顺电味……

如何设计一款好包装

"史蒂夫和我在包装上花了很多时间。"乔布斯的助手艾弗说，"我很享受打开包装的过程。一旦拆包被设计成一种仪式般的程序，产品也就变得特殊起来。包装就像一座剧场，它能够制造故事。"

不知名的品牌有文化故事的包装是最低成本的营销方式。

好的包装设计遵循四个标准：

1.先开发产品，再设计包装。

2.先提炼"概念"，再创意"风格"。

3.能直接卖货，能创造流行。

4.不只是要画面设计，更是需要造型、材质、工艺、生产等的完整解决方案。

从消费者角度思考，用故事表达。一款能讲故事的包装设计，兼具销售力和审美力。

如何定义日常工作成果

　　首先明确定义产出什么，即成果是 PPT 演示文稿、一场会议还是一个 logo 设计等，一定是具体的、列表式的、可检验的工作事项；含糊笼统的工作即使执行了，也不会有具体的成果。

　　其次是成果可被执行，即必须是思考与实践之后的最终可出街品而非过程品，要求形式与内容并重，可直接使用。比如，一份 PPT 不但要内容翔实，图片、图表、封面设计也要匹配得当，能用于直接汇报。

　　最后是能一句话总结并界定成果。这一句话提炼不出来，其实就是思考不彻底，就像作文没有中心思想。

　　综上，定义成果指它是什么、能干什么、有什么作用意义。

成为半个专家

用脚了解

伟大领袖毛泽东说："没有调查，没有发言权。"

第一品牌战略的制定者一定要深入品牌战线的前沿与后方，了解市场现状，了解竞品，了解消费者，了解企业高层与一线员工，了解渠道和终端等，全面了解后再做出研判，而不是坐在办公室里拍脑袋空想。

用心理解

我们内部提倡，做任何项目都要首先成为该领域的半个专家。

如何在短时间内成为半个专家？离不开系统的方法论，包括如何学习、如何研究资料、如何假设等；其中最重要的是外部视角与专业洞察，以及长时间与大量案例积累后形成的体系化解决方案。

简言之,就是广度与深度并举,内外部思维兼具。

用脑破解

企业家的思维高度决定着企业发展的天花板。

指挥官一定要亲下市场一线,才能对市场态势有全面而深刻的了解,对战略形势做出正确的动态评估,根据随时变化的市场态势做出有效的反应,把作战决策及时、迅速地传送至前线作战分队。

不管是大公司还是小公司,我们需要协助管理者合理分配精力,不局限于单纯的产品、业务、流程,而要对行业格局、竞争形势、组织架构、商业模式、资本运行等保持敏感,任何时候都不能用战术上的勤奋掩盖战略上的懒惰。

战术同样重要

对企业而言，战略很重要，战术同样重要；思想很重要，行动同样重要。

战略一旦确立，就要有定力，在一个周期内不能随便变动，而战术行动是可以求新求变、常变常新的。

在企业内部，最致命的是高谈阔论战略大方向的人太多，而一线实战会卖货的人太少。

连续创业成功者、拉卡拉的孙陶然说过，懂太多武林秘籍，但没有反复练习与实战经验，就像王语嫣只背武功图谱，依然手无缚鸡之力，六脉神剑要练才能成。

三类产品

　　非大众类产品，如OTC类产品、潮流彩妆类产品、户外产品等，更需要明确三类产品的区分——核心产品、战略产品、一般产品。

　　核心产品是支撑企业规模及利润的明星产品、主打产品。

　　战略产品是支撑未来发展的潜力产品或储备产品或前沿产品。

　　一般产品则是出于产品组合、资源调配、渠道竞争需要的配合性产品。

　　上述分类与叫法，企业界与营销界不尽相同，但本质就是这三类。

　　今天，企业的产品结构管理能力体现了企业战略管理水平。

三个错误思维

1.学习别人的成功。

2.参考过往的案例。

3.横向比较所在的行业。

这些习惯性的思维有可能是错的!

对创新而言,跳出对比思维是第一步,然后才有可能从本质出发,从底层出发,去分析问题解决问题。

无论条件如何变化,抓住最本质的东西进行思考与应对,才是第一性原理。

实践课题

新品牌从 0 到 1 的打法跟老品牌升级焕新能一样吗？

销量跌到谷底要起死回生，跟打破增长天花板再创新高能一样吗？

平价餐饮连锁品牌跟轻奢品牌的品牌策略能一样吗？

想一套方法包打天下，绝对不可能。

如果非要找到一个通行的标准，品牌营销最有共识的底层逻辑方法，依然是经典 4P。各门各派的战略方法、营销方法（包括智旗的第一品牌战略），如果缺失经典 4P 的架构与落地，毫无疑问，都是空中楼阁。

在掌握同一有效方法后，即便营销功力不同，也会导致最终成果不同。

咨询公司的功力是什么？是成功案例，是客户累积，是从 0 到 1、从 1 到 100 的反复实践，是知识的转化，当然，也包括经历的失败。

这里面都是没有标准答案的实践课题。

问题与答案

我们发现：客户遇到的都是他们以现有能力无法解决或者根本不知道问题出在哪里的问题。所以，发现问题并定义核心问题，有时比解决问题更重要，特别是处于成长期的中小企业。

咨询公司存在的价值，就是高效快速地帮助客户界定问题，或直接解决问题。品牌营销战略咨询不仅以专业知识（方法论）来实现咨询价值，更需要有战略落地实战经验。

不确认问题与需求而直接给解决方案的咨询都是无用的！

如何开会

开会或讨论时应先陈述观点或论点，再展开论据，然后再讲如何实现。该流程不可本末倒置。

开会的时候千万不能说一通如何去做，举出若干例子，却忽略目的与目标。执行的事很容易铺开，但容易被琐碎事情困扰，因此必须前置讲清楚核心观点。这样就有了评价好坏的标准。如若不然，很多的会议与讨论就变成了信息收集与交互，无法形成结论与决议，纯属浪费时间。

信息收集与消化应在开会前就搞清楚，比如下发会议通知时就附上各项资料。

无论大小会议，会后 24 小时内要出会议纪要，明确已经取得的具体成果及接下来的计划。

多与少

《孙子兵法·虚实篇》中说："无所不备，则无所不寡。"

1. 产品卖点太多，等于没有卖点。

2. 做事太面面俱到，会浪费时机。

3. 尊重规律与规则，但是又能跳出三界外，不在五行中。

4. 越是"没钱"的客户，越要找咨询公司，且要找"更贵"的咨询公司。

重大会议

历史上，无论是战争还是经济上的重大决战，往往之前都有一个奠定胜利基础的重大会议。这个会议是风向标，是转折点。

在确定与不确定之间，正是企业开大会的好时机。

1. 总结得失，形成内部方法论。不形成方法论的任何总结复盘会议，都是流水席。

2. 调整方向，在存量竞争时代就是聚焦、专注，把肉吃完而不再是一鱼多吃。

3. 全员宣贯，明确战略决胜点，即用一段话或一句话把接下来的战略重点讲清楚，把具体打法说明白。

4. 打仗没有那么多战略、策略需要天天研究，需要天天讲的只有战役、战术，必须全员清楚掌握。

聚焦主业

　　在存量竞争时代，聚焦核心主业，放弃贪大求全，包括坚决放弃不赚钱的业务、不得力的市场与份额、不配合的渠道与经销商、不精进的团队，甚至非重点的客户。

积小胜

历史上成功的战役常常由许多战斗组成，战役是根据战略需要在一定区域和时间内所进行的一系列战斗的总和。这些战斗有胜有败。它是一个有规划的体系，但若没有运筹帷幄，积无数小战斗胜利，反而可能会带来一场巨大的失败战役，甚至导致战略全盘皆输。

具体到品牌营销上，一年部署一两场大战役是战略重心；在战役主题之下，策划实施一系列有节奏的营销活动就是小战斗，是关键节点。对营销人来说，专注每场小战斗，就是具体抓手；对统帅来说，年度战役才是核心点。所以，小胜别得意，小败也别气馁，得从全局高度进行全盘考虑。

无所不用其极

做品牌营销，要么不出手，出手就是 5 倍的量，必须致命一击，一击制胜。

华为任正非曾说，我们的研发标准是：在距离我们目标 20 亿光年的地方，投一颗芝麻；距离目标 2 万千米的地方，投一个苹果；距离目标几千千米的地方，投一个西瓜；距离目标 5 千米的地方，我们投范弗里特弹药量。扑上去、撕开这个口子，纵向发展，横向扩张，产品就领先世界了。

花西子花满天曾说，一个设计师的工作让三个设计师扑上去，不惜工本取得压倒性胜利。

多燕瘦吴满胜曾说，一个月做 1 万条短视频，哪怕平台审核只通过 50%，也可以密集测试筛选出效果最好的。

这就是无所不用其极的意思。

两种极致

极致有很多种方式。下面两种很极致：

1. 花西子：极致的东方美学，连字体都是定制的。

2. 椒树椒汁：极致的包装设计，每个字都卖钱。

两种极致都值得尊敬。

如何守住第一

打江山难，守江山更难。企业成为第一品牌后如何守住第一？在战略层面，有以下四个关键点：

继续前进，保持战略定力

一个品牌成为某一领域的第一，并不等于已经达到顶峰，只是暂时领先对手，暂时占据了消费者心智中第一品牌的位置。企业切勿在品牌地位尚未巩固时进行战略转移。

关注对手，保持主动攻势

企业成为第一品牌后，更要将自己置于战略主动地位，一旦面对对手的挑战，就要发起主动攻势，避免被对手挤位。如果盲目自信，一旦对手形成气候，为时已晚。

常变常新，保持品牌活力

消费者的心智是变化不定的，新的消费人群会涌入市场，原有的忠诚顾客会随着生活、年龄的变化可能不再选择原来的品牌，因此必须常变常新。

向下一个"第一"发起冲击

最好的防守就是进攻。守住第一的最好办法就是向下一个"第一"发起冲击。比如：小米手机成功后，持续用互联网思维与方式向传统品类发起冲击，小米电视、小米空气净化机等生态产品都取得了品类第一的成绩；另一个不断突破第一的品牌是农夫山泉，它以子品牌创造新品类推出新产品，并不满足现状，正所谓"心有多大，舞台就有多大"。

第四章

———

示人以真

我们所呈现的一切，都是品牌最真实的面貌；我们所传递的信息，都是基于品牌最真挚的情感与愿景。我们相信真诚与透明能够穿透喧嚣与浮躁，直击心灵，成为人们心中不可替代的存在。

不随波逐流，不违背自己的良心和原则，以真实、真诚，打动人心，才能创造真正的成功。不骗人，不逃避，不伪装，示人以真，交之以心。

协助打造第一品牌

智行大地，旗卷风云，2005 年智旗创立。

当年公司有份月刊叫《策动力》，创刊词是这样写的：我们的梦想已经清晰，而且，这个梦想已经成为公司的价值定位与战略目标——服务有野心、有潜质的中国企业，提供品牌战略咨询与全程陪跑执行，成为麦肯锡 & 奥美的中国合体版，推动企业成长从 0 到 100，从乱到治，与中国企业家共同走向卓越。

后来，我们把它提炼成一句话——协助打造第一品牌。

这是智旗的初心，也是智旗的使命，20 年从未改变过。它一直在公司的文化墙上，也一直在我们心里。

做一家负责任的智力机构

　　创业之初，在没有办公室、没有客户的情况下，我们就确定两项基本原则：一是要做一家负责任的智力机构，这是声誉；二是要全情全力协助客户打造第一品牌，这是目标与使命。

　　什么才是一家负责任的智力机构？

　　我们认为是对客户负责，对自己负责，对社会负责。

　　对客户负责，就是切实帮助客户提升业绩（销量），实现企业（家）的价值。

　　对社会负责，就是跟消费者和社会大众真诚沟通，不夸大、不虚假、不作恶。

　　对自己负责，就是我们的付出和我们的回报要成正比。

　　为了保证负责，我们愿意提供更实战、更专业、更多人力资源全程跟踪服务机制，哪怕限制客户数量（每年只接不超过 10 个客户），限制公司规模扩大（不超过 50 人），也在所不惜。

因为不骗人、负责任是人的立身之本。

老板带队作业

跟智旗合作，无论客户大小，老板都会亲自全程参与。这是郑重的承诺。过去的 20 年，一直是这么干的。

签约后，智旗会成立专职、专案服务小组，进行跟踪式服务。

一个品牌小组，老板必须在其中，核心成员通常还包括公司合伙人、项目总监、咨询师、设计师等 4 至 5 人的专职团队。对诸如第一次战略提案、年度推广方案、大传播创意、公关事件等大型项目，老板必须冲在一线，同时还会调动全公司资源进行配合攻坚作业。

老板带队，不仅是口号式的表率做法，更是深入企业，与企业老板同频共振，协助双方团队全情全力打胜仗的一种工作方法。

　　老板带队，不是作秀，是具体作业。首先是成为半个专家；其次是熟悉对方的老板与老板的生意；再次是参与一线工作，并肩作战，务实做出决策与部署；最后是亲自把关出品质量，甚至亲自下场。

　　老板带队，是一种智力密集型的输出形式，是深度参与的全程陪跑式咨询合作，对我们的客户特别友好，但注定了我们每年只能服务一小部分客户，成为不了流水线作业的咨询大厂。

全盘思维与全局高度

这是智旗对战略咨询服务的总体要求。

全盘思维,可以理解为战略思维,强调从整体性、全面性和策略性来做战略研判,正确处理全局与局部、1年与5年的关系,抓住主要矛盾制定战略规划,以应对挑战与机会。

全局高度,可以理解为强调乙方的站位与视野的广阔性。你站在什么位置上思考问题?就是说要有能力站在全局的立场与终局的设想上,去审视问题、把握机会,不受当下利益或短期目标的干扰。这就要求我们要在决策力、推动力上下更大功夫,能够协助客户凝聚团队力量、协调各方利益,在关键决策上推动企业与企业家放下包袱,更自信地向更高目标出击。

我们认为,全盘思维与全局高度是相辅相成的。

全盘思维是全面、长远和策略性的思考方式，而全局高度则要求在处理具体问题时，具备更高视野、大局观和协调推动能力。

所有的咨询负责人若能同时具备全盘思维与全局高度，应对再复杂的问题和挑战，也可以从容自信，举重若轻。

两个月给客户一次惊喜

我们内部有个不成文的规定，就是按计划与约定提供服务外，每两个月再给客户一次惊喜。

养成战略思维的习惯，每阶段制订工作计划单，按步骤有效推进，是工作的必要程序与内容。在一个阶段内，始终盯着年度战略目标，从问题点出发，聚焦战略要务与时间节点，久而久之，事实上也是帮助企业形成 SOP，正向积累品牌资产。

但我们还是需要进一步查漏补缺，或者给战略要务再加"压强"，这就要学习"第十人理论"，每隔两个月打破工作惯性，打破预设，在正常推进之余，额外提出新的观点或假设，提出新的解决方案，供客户参考决策，这可能是惊喜，更可能是"惊吓"，但前提一定是为客户着想，而非哗众取宠。

当然，两个月是个概数。有则给之，无则继续。

全力服务已签约客户

对意向客户，我们的合作信条是：不比稿、不迎合、不对赌。

对签约客户，我们的合作理念是：全情全力服务好已签约客户，全程专职、专项、专人提供长期战略陪跑服务。

我们不挑客户，不论大小、行业、地域，一视同仁。但是，这并不意味着智旗会与所有上门的客户进行合作。在没有对行业和客户做充分了解的情况下，智旗无法在合作之前提供具体的方案与建议，所以不参加任何比稿与竞标。

我们不设业务部门，超过 60% 的业务是老客户或老客户推荐，所以我们的精力分配就很简单——一切围着已签约客户转，帮它分忧解难，帮它完成梦想。

如何服务呢？就是年度战略品牌营销咨询服务。预付费且不与任何业绩、销量等挂钩。

我们只赚取咨询服务费，不贪图杠杆效应或远期愿景。

因此，就算已签约客户，我们也不承诺具体的销量增长、业绩增长。原因很简单，品牌营销只是企业成长的要素之一，不是全部；这个要素是方案与执行、甲方与乙方与丙方互相配合的共同结果，并不是一方可以完全控制的。

用案例与作品说话，让客户带来客户

专业的咨询公司一定是用案例与作品来说话的。

拿得出手，还能摆得上台面，有明确的战略成果，这样的咨询公司值得托付。

成功案例是咨询公司过往工作成果的直接体现，更是客户选择咨询公司的重要标准。

我们会建议客户多看多聊，仔细探究在解决同一问题时，各家公司所采取的策略、实施的过程以及最终取得的成果，这种实证效果比任何口头承诺或宣传都更有说服力。客户一旦选择合作，就会更加坚定咨询公司的专业能力和实际价值。

有了信任基础，也有了合作成果，相信大部分客户愿意将自己的合作经历分享给身边的朋友或合作伙伴，甚至直接推荐合作。这样的成人之美，我们经常碰到。我们超过 60% 的业务是老客户或老客户推荐。我们感恩客户，也肯定自己的努力。如果没有好案例、好作品，没有一个企业家或老板会向其他企业家或老板推荐无实力的公司。

另外，光明正大地分享成功案例和优秀作品，展示自己的专业水平和创新能力，任人评说，这种透明的专业实力宣传胜过广告，更易在行业中树立标杆地位，进一步推动业务的正向发展。

观点先于执行

任何事采取行动之前，我们先要有清晰、明确的观点和策略。

这里的"观点"主要包括：

目的：做这件事是为了实现什么？

目标：具体可定义的目标是什么？

方向：有几个方向？确定的方向是什么？

控制点：风险与挑战在哪儿？相应的解决方案是什么？

丑话都说在前头了，然后就开始执行吧。

注意，凡事不可矫枉过正，陷入过度规划的陷阱，那就变成嘴上功夫了。

不骗人，不迎合

不骗人，不迎合，这是专业工作者最基本的道德底线，但行业里"骗客户"现象比比皆是，身处其中的人可能不以为意。

比如有的公司夸大实力，只是为某个品牌提过案，或者做了个 logo 设计，转头就敢号称这个品牌的战略与营销都是其一手打造并获得成功的，再借此到处宣传并获客，成为盈利模式。

真正的专业意见有时候的确不易被接受，特别是否定建议。此时，不故意隐瞒或歪曲事实，更不编造虚假信息来误导企业，既需要勇气，又可能影响自己生意，有多少人愿意呢？

另一种更常见的做法是不骗客户，但附和客户，迎合客户。为了生意，有的公司心安理得地放弃独立思考和判断能力。

恪守专业工作者的独立性非常重要。那为什么我们能做到呢？是因为我们不设业务部门，不主动找客户，都是被动式的，要么客户推荐客户，要么客户主动上门考察洽谈。当没有生意与规模的压力、包袱时，我们站在相对客观、中立的立场，就有了存在的可能。

选择客户的标准

道不同，不相为谋。

因为以下两大原因，智旗必须有选择地服务合得来的客户，与客户共同成长。

首先，我们必须保持稳健发展。

知识服务不像工厂流水线那么容易复制，创意没那么容易批量生产。我们需要在实战过程中搭建知识平台、方法论、案例库来夯实基础，储备、培养人才，一步一步快不来，以求厚积薄发。

其次，我们必须保证对每一个客户尽心尽责。

智旗本着强烈的责任心，让能实战、专业强的团队全程跟踪服务。因为高质量团队有限、精力有限，为保证每一个客户的交付成果，智旗要限制客户数量，不盲目追求客户数量与营收。

因此，智旗在合作方面坚持以下三个原则：

潜力

智旗不在意客户实力有多强，而在意客户潜力有多大——是否具备长期成长的潜力。如果没有，则不要浪费彼此的精力。智旗会从三个方面判断客户是否有潜力：

1. 是否有做大品牌的梦想，而不是小富即安。

2. 产品力是否足够强大，因为最好的品牌营销咨询也不能真把石头变成金子。

3. 是否有一个务实且富有激情的老板。

诚信

智旗认为，对企业经营者来说，"追求经营业绩"与"坚持诚信经营"是天平的两端，希望我们的客户能保持这个平衡。

信任

每一个客户正式签约之后都将支付我们一笔不菲的费用，没有足够信任这是不可想象的。在合作过程中，经常会有反复的沟通碰撞甚至争执，没有"肝胆相照、荣辱与共"的信任，就无法让两个团队的价值最大化。企业要产生信任，就需要了解智旗，了解我们的思想与观点，了解我们的理论体系与方法论，了解我们做人做事的风格与原则。

客户的"参谋部"
与"炮兵团"

一个 10 年前的老客户上门拜访，要再次合作，但他疑惑："为什么咨询费比之前高出很多？"

合作首先得坦诚相对。

这 10 年里智旗团队一直在成长，无论是专业能力、服务水准还是团队规模与成熟度，与 10 年前相比，都不可同日而语。专业价值提升，品牌溢价能力提升。客户听完，表示认同。

他又问："智旗能为我们做些什么？"

智旗是一家以战略增长为导向的品牌营销战略咨询公司，是客户的"战略顾问＋品牌营销顾问＋战略执行陪跑者"。

打个比方，智旗相当于是企业的"参谋部＋炮兵团"。

"参谋部"就是指挥打仗，职能有两方面：一是战略规划，智旗从外部视角立足于市场，协助规划企业发展战略、品牌战略，并进行营销系统规划；二是营销咨询，针对营销推进过程中出现的具体问题，提供咨询与实效创意。

"炮兵团"就是参与打仗，职能主要是对战略落地执行进行陪跑、帮扶、跟踪式服务，包括品牌宣传、产品开发、媒体投放、事件营销、品牌公关等战术层面的策略与创意。

上述沟通完毕，老客户顺利签约。

明码标价

企业找咨询公司合作，相当于商业采购。企业付钱，购买咨询公司的专业服务，其中免不了要涉及商务谈判。

智旗没有业务人员，更没有商务部门，只会就事论事，卖个货真价实。

企业有信任，咨询公司有激情，这是双方合作成功的前提。如果企业一味谈价，如果咨询公司只为了拿下眼前这单生意违心答应低于标准的价格，对双方而言，都是一件得不偿失的事情。

这几年，智旗协助企业做出的现象级案例越来越多。主动登门拜访的客户多了，为了避免谈价的尴尬，我们在公司网站及各类简介上特别注明：智旗只擅长专业领域的事情，不擅长商业谈判，不擅长讨价还价。因此，我们明码标价，谢绝还价。

智旗优先服务那些了解智旗并尊重咨询行业规律的客户。

两种客户

一种客户是会明确提出需求及课题，"我要品牌重新定位""我要打造一个爆品"等等，但是并不了解品牌面临的真正问题，他对解决问题的方式感兴趣。

另一种客户是遇到了经营困难或业绩下滑，不知如何破局，所以带着问题而来，他只要答案与结果。

第一种要配合他，而且他自认为很专业，很懂这个行业。

第二种很务实，但他可能很着急，不管使什么招，他要的是马上见效。

所以，问题背后的原因太重要了。洞察机会点，明确决胜点，既要把道理讲清楚，又要把成果做出来，这样才能长期服务好客户——无论哪种客户。

四步工作法

对待每件工作要做到：

首先，定义工作，弄清楚目的、意义、方式方法。

其次，拆解工作，直到最小单元，以便明确内容。

再次，界定成果，究竟做成什么样、什么程度等。

最后，持续跟进，过程管理及推动成果落地变现。

在这个过程中要做到：

1. 无关的事学会拒绝。

2. 分内的事分清主次。

3. 大事小事要有原则。

4. 重要的事多重确认。

咨询顾问的边界

基本原则

保持专业、客观的第三方视角。

职业底线

不欺骗、不迎合、不泄漏客户机密、不介入企业内部矛盾。

双面身份

一面是高调、自信且靠实力讲话的老师，一面是低调、谦虚的服务员。究竟是哪个身份，取决于具体事儿。

成果文化

工作成果是指工作一段时间后最终的产出。

会开得再多，汇报次数再多，若没有最终成果来体现，都是自欺欺人。每个人每天都要有工作成果，要用成果思维来衡量和对照自己的工作。

最终的产出是什么？这个产出物是否清晰，是否明白，是否可以计量与考量？

特别是交付给客户的工作成果，可以是一页Word文档，可以是一份PPT，可以是设计了一个logo，也可以是头脑风暴后的三个创意……最后一定要有一个最终产出物。

小组讨论广告片创意，最终的成果应该是文字脚本或分镜画稿。

如果是研究品类趋势，则最终的成果应该是一组数据或一份PPT。

跟客户开例会，会后的成果应该是一份会议纪要等。

每一件事，最后都要有一个可以计量或考量的清晰明了的成果。看似不难，坚持下来不容易，特别是自认聪明的人。

如何做咨询

问题点是一切生意的原点。

通过问题发现机会，通过机会满足需求，通过满足需求从而创造价值。这就是第一品牌战略的底层逻辑：问题—需求—价值。

发现问题是一种核心能力。如何发现企业自身问题？如何发现消费者问题？如何发现社会问题？这需要专业洞察，从中挖掘未被满足的需求，制定差异化的竞争策略，通过价值与价值观的呈现，创造品牌资产并创造社会价值。

伟人已把一切说透了。

"什么叫问题？问题就是事物的矛盾。哪里有没有解决的矛盾，哪里就有问题。既有问题，你总得赞成一方面，反对另一方面，你就得把问题提出来。提出问题，首先就要对于问题即矛盾的两个基本方面加以大略的调查和研究，才能懂得矛盾的性质是什么，这就是发现问题的过程。大略的调查和研究可以发现问题，提出问题，但是还不能解决问题。要解决问题，还须做系统的周密的调查工作和研究工作，这就是分析的过程。提出问题也要用分析，不然，对着模糊杂乱的一大堆事物的现象，你就不能知道问题即矛盾的所在。这里所讲的分析过程，是指系统的周密的分析过程。"《毛泽东选集（第三卷）》、《反对党八股》节选

示人以真

真诚是一把钥匙，理解是一座桥梁。

1. 专注专业本身，专注解决方案。要直言不讳，不靠承诺药到病除来获得客户。

2. 多问问题，提出问题有时比解决问题更重要。

3. 弄懂客户的生意本质及老板真正的想法，尊重客户的生意。一方面引领老板；另一方面为其打下手，勇于承认自己的片面与不足。

4. 不害怕失去生意，越害怕，越难建立信任与尊重。

......

以敬畏之心对待客户及客户的生意。

以诚恳之心对待合作，尽力更尽心，不骗人、不搞烂尾工程。

以进取之心对待事业，以 20 年为周期保持稳健发展，我们争取成为中国企业值得信赖的咨询公司。

咨询合作事实上是双方大脑的合作，更是心与心的合作，打动对方的心，链接对方的心，以真实、真诚、真心去创造真正的成功。

创造一家让人幸福的公司

2005年创立智旗后，我就一直在想：如何让智旗变得更强大？

很赚钱，固然是一件很有成就感的事情，但是，这真的值得我们用整个生命去投入吗？

如果是为了赚钱，做咨询、做策划赚取服务费，远不如做产品、做市场来得直接。然而，即使转行，即使成功，我们也不可能成为另一个马化腾或者钟睒睒。

如果仅仅是赚不多不少的钱，过上有品质的生活，那又何必做公司？做个自由职业手艺人即可。

我们不能只做生意人，或者纯粹的手艺人。

我们要创造一家让人幸福的公司，不必很大，不必很赚钱（然而，一个让人幸福的公司怎么可能不赚钱呢？），但要做到以下几点：

1. 在一个舒服的办公空间里，每个人都很有才、很正直，愿意照顾、帮助周边人。

2. 每个人都很快乐，如果不能每天快乐，至少工作上不郁闷、不憋屈。

3. 每个人都激情四射，一起学习，一起成长，就像一个团结、紧张、活泼的班集体，不到毕业，不会有人离开。

4. 每个人都有与自身能力相匹配的发展方向，并能获得高出同行的回报。

5. 每个人的工作都充满思辨与创新的乐趣，每年都有现象级案例出街。

6. 每一个客户都值得我们全情付出。

7. 经过我们的协助，诞生很多第一品牌，这些品牌成为国货之光，最好我们还能帮助这些品牌转战海外。

8. 我们要有时间一起喝茶、讨论艺术，或者一起旅行；我们还能享受生活，每个人都能有一个真心爱人、一个幸福家庭。

9. 最重要的是，智旗的每个人经常能感到来自内心的平衡与幸福。

如果创造一家让人幸福的公司能成为我们大多数人的共同目标，那么，一切将会变得非常容易。

后记

　　严格说来，这本书写作时间跨度 20 年，甚至不是"写书"，而是把 20 年间留在博客、微博、朋友圈、知乎以及厚厚十几本笔记本上的只言片语，汇总梳理成册。它是一本个人的心法，并非什么系统与理论。

　　从取《攻心第一："第一品牌战略"实战心得与方法》这个书名的那一刻起，我仿佛就踏上了一段既充满挑战又不知归期的心路旅程。回望这 20 年的品牌营销策划岁月，每一幕都历历在目，每一个案例都如同昨日重现。

　　本书不仅是我个人的心血结晶，更是智旗团队与中国无数企业家并肩作战、共同成长的见证。它记录了我们如何在一线实战中，从零开始，逐步构建起"第一品牌战略"及其落地执行方法，帮助中国品牌从默默无闻到走向辉煌的心路历程。

　　我的写作初衷就是用大白话将复杂的战略、品牌、定位、营销等概念重新解读，让读者能够轻松阅读，快速构建看待战略营销的全新视角与方法。我深信，每个品牌都有机会成为第一，关键在于是否找到了正确的路径，是否拥有坚定的决心并持续努力。

书中观点或许有偏颇，当你翻到这一页时，不管有任何的灵感与启示、反对与质疑，都衷心希望你能有机会找到属于自己的"第一"之路。

20多年前，我差点成为一个靠稿费谋生的诗人，幸好在灵诺策划跟到了张家祎先生，他领我进了营销策划的大门。创业前在麦肯健康的日子，我接受了相对系统的品牌建设方法；创业后，我非常幸运地遇到了杜国楹、蒋宇飞、周程等持续合作超过10年的客户们，他们就是现实版的贵人。从两手空空比稿拿下云南白药开始，这一路得到了太多信任我们的企业家朋友们的支持与厚爱，感谢时代让我们相遇。当然，最好的感谢就是持续为合作客户、为中国企业打造赢得人心的第一品牌。

最后，感谢曾经与现在的每一位智旗小伙伴，谢谢大家不离不弃，一路相助。特别感谢马凯，他是本书的设计师；十分感谢文娟、吕晴，她们为本书提供了大量的素材、建议，全程参与了校对、定稿；另外很感谢中国友谊出版公司的编辑老师们。

谨以此书，献给所有在品牌营销道路上勇往直前的朋友们。

品牌是一场永无止境的旅程，愿我们都能在这个充满可能的世界里找到自己的定位，实现自己的价值，创造出真正触动人心的第一品牌。

邵军

2024 年 9 月于上海